考は現実になる

THE

GRATE FULNESS

ザ・グレイトフルネス

感謝で満たされると思考がどんどん現実になる

最高の習慣術

THANK & GROW RICH

PAM GROUT

パム・グラウト

訳者：桜田直美

サンマーク出版

はじめに

あなたは、感謝の本当の力を知るチケットを手に入れた

ナポレオン・ヒルは「思考は現実化する」と言った。

だがじつは、本当の力は、「思考」の中の、「感謝」にある。

もしもあなたが今、過去のことをくよくよと思い悩み、うまくいかない現実しか見えなくなっているのなら、今すぐに考えるのをやめて、代わりに感謝をしてみよう。

「え？　感謝？　本気で言っているの？」

「それでうまくいくっていうの？」

「『感謝』だけでなにが変わるの？」

いいえ、ちょっと待ってほしい。

この本で言っている「感謝」は、あなたが思っているようなものではない。

これを、**「猛烈な感謝」**と呼んでもいいし、**「見境のない感謝」**と呼んでもいい。とにかく、口だけの、甘ったるい、感傷的な「感謝」とは違う。

どういうことなのか説明しよう。

私たちの人生には、うまくいっていることが数え切れないくらいある。

しかしそれは、意識して見つけようとしないと、そして見つけたらすぐに感謝をしないと、頭の中にある意地悪な声にすべてかき消されてしまうのだ。

感謝する対象を見つけるのは、一種の「戦い」だ。この戦いをやめると、頭の中の意地悪な声……「人生は最低だ」「自分は最低だ」などという声に、人生を占領されてしまう。

頭の中の意地悪な声は、ニュース番組で画面の下に流れているテロップのようなものだ。放っておくと、いつまでも延々と流れている。

そして、ネガティブな声ばかり聞いていると、宇宙からのすばらしい贈り物が見えなくなってしまう。**この地球上に存在すること、今日という日を生きていること、人生という冒険を楽しんでいること――そのすべてが、宇宙からの贈り物だ。**それなのに、意地悪なウソの声――「人生は最低だ」「人生はつらい」――を信じてばかりいると、無限の可能性とのつながりが断たれてしまう。

「感謝」するのは、けっして難しいことではない。

ただ、日々の生活で少し立ち止まり、絶対的な宇宙の存在を意識するだけでいい。

そうすれば、より深い真実に気づくことができる。幸せな現実に気づくことができる。

宇宙の電波塔からは、いつでも喜びの音楽が静かに流れている。その音は、耳を澄ましさえすれば、誰にだって聞こえる。少し意識を変えるだけで、その音楽が聞こえるようになる。

「引き寄せ」がうまくいかない人に共通していること

二〇一三年、私の世界は、まるでプロレスの技をかけられたみたいに天と地がひっくり返った。二〇年以上もライターを続けてきた私が、自分の名前で『こうして、思考は現実になる』(サンマーク出版)という本を出すことになった。本は大ヒットして、「ニューヨーク・タイムズ」紙のベストセラーリストで一位を獲得し、二〇か国以上で翻訳され、日本でも二〇万部以上売れている。

今でも、読者からのメールが毎日のように届く。どのメールも、読者が体験した「信じられないような奇跡」の報告だ。

「ねえ、聞いて！」と、読者は報告してくれる。「**五〇〇ドル当たったの！**」という報告もあれば、「**夢だった仕事に就くことができた！**」という報告もある。そして私は自宅で、読者と一緒に大喜びする。みんなの喜びのエネルギーを、私にも注入してもらう。

私の本を読んで宇宙の真実に気づいた人が存在する――。私はそのことを思うと、とても光栄であると同時に、身の引き締まる思いがする。私の本で紹介した実験が、誰かが宇宙の無限の恵みへの扉を開くきっかけになったことに、本当に心から感謝している。

宇宙の豊かさは無限であり、いつも思いも寄らない形で願いをかなえてくれる。

これが本当かどうか証明したいというのなら、私に言ってもらえれば、いつでも証拠を提供できる。証拠とはもちろん、読者のみなさんからもらった報告のメールだ。

とはいえ、怒りのメールをもらうこともたまにはある。「自分にはいいことなんてまったく起こらない」という文句のメールだ。

怒りのメールを読んでいて、気づいたことがある。それは、怒りのメールを送ってくる

のは、たいがいまじめな人だということだ。みんな、真剣に努力している。アファメーションをしたり、夢を視覚化したビジョンボードを作ったり、目標を紙に書いたりしている。私も以前は、熱心にそういうワークをやっていた。だからこそ、断言できることがある。それは、努力しなければ何も変わらないと思い込んでいると、逆に奇跡が起こるのを阻止することになってしまうということだ。

この本は、怒りのメールを送ってきてくれたような、まだ宇宙のパワーを疑う気持ちを完全には捨てきれていない人たちに読んでもらいたい。もちろん、まったく信じていない人も大歓迎だ。

どんな人でも、自分は宇宙に好かれていない、宇宙は私の望みをかなえてくれないと、心のどこかで思っているのではないだろうか？

簡単に言えば、「自分にはいいことなんて一つも起こらない」という苦情のメールへの答えは、こういうことだ。

自分が「感謝の周波数」に乗らなければ、より大きなものとつながることはできない。

聖なる電波塔から送られてくる無限の愛、可能性、喜び、自由は、不安や恐怖の声に頭の中を占領されている状態では受け止めきれないからだ。

普段の私たちは、宇宙とつながるパイプが詰まってしまっているような状態だ。宇宙からの無限の恵みを、常識という小さな器に無理やり押し込もうとしている。まるでシンデレラのお姉さんが、ガラスの靴に自分の足をねじ込もうとするように。

そこで、この本では、あなたの意識の枠を広げることを目標にしたい。

方法は、三〇日間の実験と、簡単なゲームを毎日行うこと。**時間は五分もかからない。ゲームを続けるうちに、神経回路が書き換えられ、昔からの思い込みも書き換えられる。**

そこから先は、感謝の気持ちがカギになる。

「猛烈な感謝」をすると、人生に何が起こるのか？

大切なのは、「すべてに感謝する」ことだ。

山になった請求書に感謝する。予期していなかった病気の診断に感謝する。酔っ払って新品のカーペットの上に吐いたボーイフレンドに感謝する……。

よく見えようが悪く見えようが、あらゆる物事に感謝する――これが私の言う「猛烈な

感謝」だ。

猛烈な感謝、見境のない感謝は、**ＦＰ（Field of infinite Potentiality＝可能性のフィールド）**への入り口だ。感謝は、ＦＰの中心に直接つながっている。**ＦＰのことを宇宙と呼ぶ人もいれば、神と呼ぶ人もいる。**でも、呼び方は何でもいい。**とにかく、感謝をして感謝の周波数に乗ると、奇跡を起こすエネルギーとつながることができる。**

感謝の周波数に乗れば、自分で努力しなければならないことはもうほとんどない。あとのことは、宇宙が喜んで引き受けてくれる。あなたはただうなずいて、宇宙の導きに従うだけでいい。

「猛烈な感謝」を実践していると、「こんなにがんばる必要はなかったんだ」ということに気づくだろう。**むしろ、がんばりすぎるのは逆効果だ。**いつでもそこにあり、私たちを導いてくれている宇宙のエネルギーを、かえってブロックすることになってしまう。

感謝すること。人生の「いいこと」のすべてに気づくこと。それが、最高にすばらしい人生への入り口だ。感謝の気持ちを抱くだけで、美しさ、喜び、創造性で満たされたエネルギーに、ひとっ飛びで乗ることができる。

宇宙の力を自由に使えるようになるための「実験」をしよう

この本では、感謝の周波数に乗り、宇宙の力を自由自在に使えるようになるための簡単な実験を紹介している。

私がいつも言っているように、スピリチュアルは理論だけで終わりにしてはいけない。実際にやってみることが大切だ。

この三〇日の実験は、とてつもなくシンプルな考えから生まれている。やるべきことはたった一つ。このたった一つだけを、毎日続ければいい。

どんな実験かって?

それは、三〇日間、猛烈に感謝するという実験だ。

自分自身に、一日中、奇跡を探すミッションを課す。そうすれば、真実が向こうからやってくる。実験で証明するのは、**「感謝できることを熱心に探していれば、感謝できることが次から次へと見つかる」**という考え方だ。これさえ習得すれば、あなたは末永く幸せに暮らせるだろう。

たった一つの実験だけでは満足できない読者のために、この本では、二〇個のパーティゲームも紹介している。簡単にできて、底抜けに楽しくて、しかも宇宙の豊かさをどんどん引き寄せられるゲームだ（このゲームについては、第2章でくわしく説明する）。**この感謝のパーティゲームをやれば、今まで見えていなかったもう一つの宇宙が、突然目の前に現れるだろう。**そしてあなたは、びっくりしてこんなことを言う。

「え、これは何？　いつもの落ち込みはどこへ行ってしまったの？　恐怖もすっかり消えてしまった。昔の私は頭がおかしかったのかしら？」

愛は恐怖に勝つ。笑いは涙に勝つ。そして豊かさは喪失に勝つ。それが真実だ。あなたもすぐに、真実を目撃するだろう。

そのすべては、すぐ身近にある「美しいもの」に気づくことから始まる。あなたはすでに、美しい光に包まれている。**ただ「感謝の周波数」に乗るだけでいい。**

THE GRATEFULNESS もくじ

はじめに

第1章 正しい「感謝」をすれば、欲しいものはなんでも手に入る

第2章

さあ、感謝のゲームを始めよう

第3章 「感謝の周波数」に乗るためのパーティゲーム

装丁・本文デザイン　井上新八
編集協力　株式会社鷗来堂
ＤＴＰ　エヴリ・シンク
編集　武田伊智朗＋池田るり子（サンマーク出版）

第1章

正しい「感謝」をすれば、欲しいものはなんでも手に入る

問題だらけの人生と、喜びの人生をわける「あるもの」とは？

宇宙のエネルギーには、無限の可能性がある。私たちは、その中のごく一部だけを認識して、それに「現実」という名前をつけている。

私がＦＰと呼んでいる無限の可能性は、たとえるならインターネットに似ているかもしれない。無限の資産をみんなに提供しているからだ。人は誰でも、その中から好きなものをダウンロードして、自分の人生に生かすことができる。

そしてたいていの人は、親や社会に影響されて、この「ＦＰクラウド」から何をダウンロードするかを決めている。そのため、遠い祖先とだいたい同じような現実をダウンロードしている。五歳のころから、ダウンロードするものの中身が変わっていない人もいる。

この物質世界に存在するものは、すべてエネルギーの波（またの名を「思考」）の状態から始まっている。形のないエネルギーが何らかの形になり、「もの」として私たちのまわりに出現する。

たとえばｉＰｈｏｎｅも、最初はスティーヴ・ジョブズとアップルのエンジニアたちの思考だった。彼らがまだ形のないアイデアに意識を集中したために、やがて実際にできあがったのだ。そして私の知るかぎり、そうやって生まれたｉＰｈｏｎｅは、すでに一〇億台も売れている。

また、ｉＰｈｏｎｅに入っているアプリやアドレス帳の中身が持ち主によって違うように、私たちがＦＰからダウンロードするものも、人によってさまざまだ。

たとえば私の場合は、長身の女性という肉体をダウンロードして、書くことと旅行が好きで、大勢の人の前で話すときに緊張するという特徴をダウンロードした。

それぞれがダウンロードしたエネルギーは、電波となってそのまま宇宙に送信される。私たちの思い込みや期待が、宇宙に投影される。この電波が、私たちの人生を動かすエンジンだ。私たちが送り出しているエネルギーは目に見えない電波となり、同じ周波数を持つ状況や経験を引き寄せている。

つまり、あなたが送り出しているエネルギーの振動が、実際に人生で経験することを決めているということだ。どんなエネルギーで生きているかによって、簡単に人生の問題を見つけて解決することができるのか、ずっと問題だらけの人生なのかが決まる。

人間の脳は、グーグルの広告と同じ働きをしている⁉

私たち現代人は、頭蓋骨の中にある小さな物体に頼りきっている。
でもその物体は、かなえたことのない夢を実現するようにプログラムされていない。
どのようにプログラムされているかというと、以前見たことのあるものを、また見ようとするのだ。すでに知っているもの、持っているものを、また見つけようとする。

人間の脳は、無限に広がる可能性にアクセスし、「さてこの人は、恋人とけんかするんじゃないか？」とばかり考えているから、それを届けてあげよう」とか、「ずっとお金の問題がないか考えているから、ひとつ支払期限の過ぎた請求書でも届けてやるか」などと考える。

つまり、人間の脳は、幻想と現実の区別がついていないから、「こうだったらいやだなあ」「こうだといいな」などの思考の中から、できるだけたくさん考えていることを選んで、現実にしようとするのだ。

これは、以前に検索したページの広告を出すグーグルの広告機能のようなものだ。

みなさんも経験したことがあるかもしれない。ブラウザを開くたびに、前にグーグルで検索したことと関連のある広告が目に飛び込んでくる。たとえば、テニスシューズを検索したとしよう。すると、これからウィキペディアを開いても、フェイスブックを開いても、テニスシューズの広告が飛び出してくることになる。または、ロサンゼルス旅行の検索をしたら、今度はロサンゼルス空港近くの安いホテルの広告ばかりになる。

つまり、私たちが見ているのは現実の本当の姿ではない。過去の怒りや恐怖が投影された、ただのホログラム（幻想）だ。

自分は現実をそのままに見ているると思っているかもしれない。テレビカメラのように、ただありのままの形や動きをとらえているだけだと信じているかもしれない。でも本当のところ、人間の目には一億三〇〇〇万個の光受容体がある。本当はもっともっとたくさんのものが見えているはずだ。しかし、数百億のニューロンやシナプスとの共同作業で、意識が見たいと思っているものだけを見せるようにしているのだ。


目に見える世界だけが現実だという思い込みを捨てることができれば、新しい可能性の

扉が大きく開く。本当の「現実」は、私たちが思っているよりもずっと魅惑的で、驚きと発見に満ちている。

二〇〇九年六月、「神経科学ジャーナル」誌にある研究が発表された。**機嫌が悪い状態の人は、脳の視覚野と呼ばれる部位（見ることを司《つかさど》る部位）が、情報を正しく処理できなくなるという。**そして機嫌がいい人は、機嫌が悪い人に比べ、探し物が見つかる確率が五〇パーセント高くなる。

私は以前、自分のブログに「注意力テスト」の動画を投稿した。

その動画には、白い服を着たチームと、黒い服を着たチームが登場し、それぞれがバスケットボールをチームのメンバー同士でパスし合う。動画を見る人は、白のチームがパスした回数を数えるという課題を与えられる。

この動画にはからくりがある。じつは、黒チームと白チームが入り乱れてパスをしている最中に、ゴリラの着ぐるみをつけた人が画面を堂々と横切っているのだ！

しかし、このテストを受けた人のなんと半数以上が、パスを数えるのに忙しくて、ゴリラの存在に気づかなかったという。私たちの意識は、それだけ重大な情報を見逃しているということだ。
(動画URL　http://pamgrout.com/2013/09/23)

素直に驚き、感謝するだけで宇宙に愛される

感謝の周波数に乗っている人は、いいものを引き寄せるエネルギーを発している。正しいときに、正しい人と出会うことができる。難しい問題にぶつかっても、まるで奇跡のように解決策が出現する。

そして、まわりの人もそれに気づく。

「最近、あの子はどうしたの?」と、彼らは言うだろう。「よくわからないけれど、何かが違うんだよね。何て言うかこう、すごく幸せそうだ」

幸せのオーラを出している人の近くにいると、それだけで自分の気分も上向きになる。その秘密は、彼らの言葉や行動にあるのではない。ただ彼らの近くにいると、幸せのオーラに包まれたような気分になる。

感謝の周波数に乗っているときは、自分でも必ずわかる。とにかく人生がうまくいくか

らだ。私自身も、感謝の周波数で振動しているときは、いい文章が書けるし、いい母親になれるし、食事もおいしく感じるし、音楽を聴くときの喜びも大きくなる。それに、まったく知らない人からラブレターが届いたりもする。

強力に愛を引き寄せる電波を出したいのなら、遊び心が大切だ。世界の驚異に素直に驚き、そして感謝しよう。

そういう人だけが、宇宙に真剣に相手をしてもらえる。

奇跡の人生を手に入れる、たった一つの条件

「それは違うんじゃない？」と言われることがある。

「感謝して暮らせばなんでもうまくいくなんて、そんなうまい話がある？　もしそれが本当なら、もっとたくさんの人が、魔法にかかったような気分で生きているはずでしょう？」

そんなことはない。

愛にあふれた、全知全能のエネルギーは、今この瞬間もあなたの目の前に存在する。それはたとえるなら、パンパンに空気の入った風船のようなものだ。あなたが「思い込み」

というバリアを取り払った瞬間に、エネルギーは勢いよく飛び出してくるだろう。

ここですごい「秘密」を教えよう。

奇跡を起こすエネルギー・フィールドとつながるのに、努力はまったく必要ない。あなたがいい子でなくても大丈夫だ。何かの公式に従う必要もない。つまり、なんにもしなくていいということだ。

宇宙のエネルギーは永遠になくならない。どこかに隠れたりもしない。絶対に失敗しない。いつでも愛だけを与え、祝福だけを与えてくれる。

そして奇跡は、一切れのパイと同じくらい、簡単に手に入るものなのだ。

ただし、たった一つだけ条件がある……。

その条件とは、頭の中の意地悪な声を聞くのをやめることだ。頭の中の意地悪な声を聞きつづけていると、エネルギーに雑音が入ってしまう。

私たちが永遠に続く魔法の中で生きていないのは、私たちが、宇宙の電波を安定して受け取れていないからだ。電波障害によって携帯電話やラジオにときどき雑音が入るのと同じだ。宇宙から流れてくるエネルギーを、雲のようなものがブロックしているのだ。こちらの受信機の状態が悪いせいで、雑音が入ってしまっている。

問題は、宇宙がエネルギーをけちっていることではない。宇宙は絶対にそんなことはしない。問題は私たちにあるのだ。宇宙が送り出してくれている無限の愛に気づかないのが問題なのだ。

私は『こうして、思考は現実になる』という本の中で、ある女性の話を紹介した。彼女は「バスが来ない」と文句を言うのに忙しく、そのせいで待っていたバスが来ても気づかなかった。苦しみの周波数に乗っていたせいで、いちばん欲しいものが目の前にあっても気づかなかったのだ。

クリスティーンという読者も、この女性の話を読んで「なるほど！」と納得したけれど、その次の週にはまったく同じことをしていたという。

クリスティーンはブロガーの集まりに向かっているところだった。ｉＰｈｏｎｅの地図で道を確認していたけれど、ＧＰＳが機能していないのか、自分の現在地がきちんと表示されなくなった。携帯電話の電波を受信しようと同じ場所を行ったり来たりしているうちに、どんどん腹が立って抑えられなくなってきた。そこで彼女は立ち止まり、目を閉じて、深呼吸をした。**そして目を開けると、なんと目的のビルが目の前にあったのだ。**

「結局、目的地の前を三回も通り過ぎていたの。何度も何度も見たはずなのに、気がつかなかった」と、クリスティーンは言う。

つまり、不機嫌になっていると、バスやビルが「消える」ということだ。**そう考えると、不機嫌なエネルギーを出しているときは、雑音が多く入るので、他にもたくさんのものを消してしまっているに違いない。**

願いがかなうのをじゃまする「雑音」の正体

人間のエネルギーの中にある雑音は、目で見ることはできない。目には見えないけれど、間違いなく存在している。重力は目に見えないけれど、つねに働いているのと同じことだ。

では、どんな「雑音」が、私たちの願いをかなえるじゃまをしているのだろうか?

たとえば、**不機嫌、不幸、愚痴っぽい態度は、**すべてのいいものを遮断してしまう。**腹を立てたり、人生の問題のことばかり考えたりしていると、**愛と恵みの周波数を遠ざけてしまう。聖なるエネルギーとの接続を切ってしまっている状態だ。

また、**「人生に問題はつきものだ」「苦労しないと何も達成できない」**といった古い思い込みもそうだ。これにしばられていると、宇宙から送られてくるすばらしい贈り物に気づかなくなってしまう。

エネルギーの雑音はいろいろな形で存在する。いくつか具体的な例を見てみよう。

雑音❶「努力しなければならない」という思い込み

私たちは生まれた瞬間から、「私はダメな存在だから、正しいことをするように努力しなければいけない」と思い込まされる。

この「問題」に対処するために、私たちは普段から、自分の衝動を抑えるようにしなさいと教えられている。つまり、自分をコントロールしなさいというわけだ。

問題を見つけ、問題を排除する計画を立て、意志の力を頼りにレールを外れずに歩くこと――これが、私たちに与えられている、間違った人生の課題だ。

このメッセージは、いたるところにあふれている。いくつか例をあげよう。

・人間は不注意だ（だから、交通違反をしたら、警察につかまって罰金を払わされる）

・人間は怠け者だ（だから、労働者には、ルールと上司が必要だ）
・人間は無気力だ（だから、成績をつけなければ学生はやる気を出さない）

さらに悲しいのは、自分で自分を責め立ててしまうことだ。私たちは自分に向かって、「おまえが悪い。おまえは負け犬だ」と言い聞かせている。

なぜそんなことをするのだろう？

高カロリーなものを我慢すると決めたのについ食べてしまったときや、仕事でよい評価をもらえなかったとき、運悪く駐車場がいっぱいだったときに、なぜいつも自分を責めてしまうのだろうか？

とにかく私たちは、自分に対してとことんまで意地悪だ。

自分の欠点や嫌いな部分を数えようと思ったら、いくらでも出てくる。たるんだ二の腕、しんとした場所で大声を出したくなる欲求、仕事を休んで趣味に没頭したいという気持ち、このすべてが敵だ。そうやって自分自身と戦った結果、人類全体に足かせをはめることになってしまう。

コントロール。規律。防御。私たちは、人生で大切なのはこの三つだと教えられる。で

も実際は、この三つを大事にしながら生きていると、本当の自分からは切り離されてしまう。この銀河全体でたった一度しか起こらないかもしれない奇跡に囲まれているのに、エネルギーの雑音のせいで見過ごしてしまう。

雑音❷ 頭の中の声

私たちの頭の中で起こっていることに比べたら、水責めの拷問だってかわいいものだ。頭の中で絶え間なく流れる声が、自分に足りないものばかりしつこく指摘してくれる。この意地悪な声は、失敗を大声で責め立て、改善の必要があるところばかりを並べた長い長いリストを作ってくれる。

「もっと死ぬ気で努力して、もっといい人になりなさい」と、その声は言う。新しい自己啓発本が出るたびに私たちをせっつき、「自分のために読みなさい」と命令する。

この声が言いたいことはただ一つ。それは、「おまえはダメだ」ということだ。どうやら私たちには、他の人にはない重大な欠点があるようだ。

「ねえ、あなた」と、その声は言う。

「あなたって他の人と比べるとまだまだなのよね。ダサいし、おもしろくないし。それに肌もくすんでる。たまにはいい文章を書くこともあるけれど、一流のライターに比べたら、まるで湿気《しけ》ったドッグフードみたい。出直したほうがいいんじゃないの？」

私はずっと長い間、これは自分自身の声だと思っていた。だって、私にそっくりだったから。この声が心配していることは、自分が心配していることだと信じていた。

でも、人生で感謝できることを数えはじめると、違う周波数とつながることができるようになった。すると、頭の中の声は、まるで別人のように変わったのだ。

新しい声は、やさしい真実をそっと教えてくれる、穏やかな声だ。私はその声を聞くとうれしくなるし、自分が深く愛されていると信じられるようになった。世界の本当の美しさが理解できるようになった。

自分のためにできるいちばんいいことは、自分を批判することではなく、幸せになることだと、その声は教えてくれた。

新しい声は、やさしくささやいてくれた。「あのガミガミうるさい声は、あなた自身ではありません。あれは偽物のあなたです。あなたがまだずっと小さかったころ、あなたの中に住み着いたのです。あの声は、あなたのふりをして、さも大切なことを言っているような口調で、ウソばかり言っているのよ」

その静かでやさしい声は教えてくれた。私が見るものも、私が信じているものも、すべて私が勝手に作り上げた物語だった。

本当の私は、親切で、思いやりがあって、すべての創造物とつながっている。本当の私は愛だけでできている――やさしい声はそう教えてくれた。

そして、本当の私は、「体」ではなく「心」だ。頭の中にずっと居座っている声を信じることもできるし、耳をふさぐこともできるし、まったく別の声に変えることもできる。

雑音❸ ネガティブ思考

ネガティブ思考をしすぎると、頭の中にいる意地悪な声はますます得意になって、雑音の壁を築いてしまう。

願いをかなえにくくするネガティブ思考の例をあげよう。

・いい思いができる人は一握りしかいない。

・親切にしたらつけ込まれるだけだ。
・本音で生きたら友達を失ってしまう。
・夢を追い求めたら笑いものになってしまう。
・楽しいことをするのは危険だ。

雑音❹ 間違った批判

何かに対して批判的な考えを持つと（「なんてつまらないパーティに来てしまったんだ」「このタクシーはいつまでたっても着かないな」「せっかく時間をとったのに、この人はなんて退屈な人なんだ」など）、本当の世界は見えなくなってしまう。

気に入らないことで頭の中を占領されてしまうと、世界に存在する無限の可能性に気づかなくなるのだ。

なぜ私たちは、行列が早く進んでほしいとか、別の人と一緒にいたいとか、別の職場のほうがいいなどとばかり思ってしまうのだろう？　今この瞬間、今まさに一緒にいる人たち、目の前にある状況の中に、欲しいものはすべてあるというのに。

「批判しない」というのは、ただ他人を批判しなければいいだけではない。「ここには望むものがない」と意識を閉じるのではなく、「どこにあるのだろう?」と意識をオープンに保つという意味でもある。

いかがだろうか。**あなたの頭の中で「勝手に鳴り響いている」声が、願いをかなえるためにどれだけじゃまになっているかがご理解いただけただろうか?**

そして厄介なのは、頭の中の声をいくら黙らせようとしても、この声が完全に消えることはないということだ。

そこでこの本では、声に新しい仕事を与えることを提案したい。意地悪な声がその仕事に気を取られている間に、静かでやさしい声に登場してもらう。

人生で感謝できることは数え切れないほどある。それらを一つひとつ、力強く宣言していけば、意地悪な声を小さくして、魔法の世界に向かってまっすぐ進んでいくことができるだろう。

「感謝するより、努力するほうが大切」は本当か？

この項目は、まだ魔法を信じていない人たちのために書いた。

「感謝するのはたしかにいいことだけど、それよりも熱帯雨林を保護して、飢えた子供たちに食べ物をあげるほうが先でしょう」と考える人のためだ。

自分や家族のために、友達のために、地球のために、さらには飢えた子供を救うためにできる最高のことは、感謝の周波数に乗ることだ。

この世界は、無限の可能性というエネルギーを送信する電波塔を求めている。つまり、光と愛が放つ見えない力を信じる人を求めているのだ。

自分では気づいていないかもしれないが、今この瞬間にも、あなたは「全体の意識」に参加している。**あなたの思考、あなたのエネルギー・フィールド、あなたの周波数が、宇宙に電波を送り出している。**それは、不足と限界の古い物語を作ることもできれば、光り輝く新しい物語を作ることもできる。

私が思うに、おそらくすべての人が、新しい物語を求めているだろう。古い物語によると、思考も、信念も、大した力を持っていない。何か変化を起こしたかったら、努力して、コントロールして、行動を起こさなければならない。

でも、これは間違った思い込みだ。そしてあなたも知っているように、この「常識」が、今まさに覆されようとしている。

二〇一五年八月、科学雑誌の「ネイチャー」で世界を驚かすような研究が紹介された。ここにあるもの（たとえば私たちの思考）が、向こうにあるものに影響を与えるということが、ついに証明されたのだ。遠く離れた物体が互いに影響を与え合うというのは、量子論の核となる考え方の一つだ。二つのダイヤモンドを約一キロ離れた場所に置くと、それぞれの中にある電子が、同時に回転する方向を変える――これはたしかに、伝統的な物理学にとっては衝撃的な発見だ。

実際のところ、この種の実験はすでに一九七〇年代には始まっていたが、オランダのデルフト工科大学で行われたこの実験は世界に衝撃を与え、「ニューヨーク・タイムズ」紙をはじめとする世界中のメディアで大きく取り上げられた。この実験によって、地球上の存在がすべてつながっていることが証明されたからだ。**言い換えると、私たちの意識には、とてつもなく大きな力があることが証明されたのだ。**

量子力学が証明した、「意識」の力

量子力学が提唱する新しい世界では、すべてのものがつながっている。

私たちの誰もが、全宇宙のエネルギー・フィールドを構成する重要な一部分だ。つまり、誰かが何かに意識を集中すると、そこにエネルギーのさざ波が起こる。私たちの意識は、自分だけでなく、全宇宙に影響を与える。すべての行動、思考、思い込みが、宇宙に影響力を持っている。

ドイツ人物理学者のハイゼンベルクによると、人は自分が見ているものすべてに影響を与え、変化させる。何かをただ見るだけで、その何かの分子を変え、原子を変え、エネルギーを変えるほどの力を発しているということだ。私が何を見ても、私が何をしても、この世に存在するすべてのものに影響を与えている。

プリンストン大学物理学教授のジョン・ホイーラーは、「諸君、申し訳ないが、自分はただの観察者だという考えはもはや通用しない」という有名な言葉を残した。私たちは、どんなときでも、見るものすべてに影響を与えている。ホイーラー教授は、この現象を「深くて幸福なミステリー」と呼んでいた。

私たちは見るものすべてに影響を与える。自分の中にある偏見、思い込み、意見を世界に反映させ、世界の姿を変えている。

感謝の気持ちで世界を観察すると、美しいものや、すばらしいものばかりが目に入る。その状態になると私たちは、今度は愛や魔法、奇跡のエネルギーを放出するようになる。この「感謝の振動」は、地球上でもっとも強力な周波数だ。全世界を明るく照らす力を持っている。

私たちの誰もが、自分が持っているこの影響力を過小評価している。しかし本当は、どんな小さな行動でも、全人類に影響を与えているのだ。

自分のことをもっと愛するたびに、私は宇宙に向かって愛を送り出している。私にひどい仕打ちをした（ように思える）人を許すたびに、この世界を癒やす手助けをしている。

目に見えないもの、誰もが見過ごしている小さなものが、偉大な癒やしの力を秘めているのだ。たとえば、おばあさんの買い物カゴを代わりに持ってあげても、SNSで話題になることはないかもしれないが、それは宇宙のエネルギーに何らかの影響を与え、物質世界の姿を変えることになる。

私が何かをするたびに、私以外のすべてに影響を与える。

愛の行動は、たとえそれが、変な顔をして赤ちゃんを笑わせるような小さな行動であっても、全宇宙に愛の周波数を送り出す。すべての思考、すべての行動は、目に見えない糸を放出している。

つまり、「すべてはつながっている」と信じるだけで、宇宙のエネルギー・フィールドに感謝と喜びのエネルギーを送り出すだけで、本当に世界を変えられるということだ。これはすごいことだ。自分が幸せになると、地球全体も幸せになる。デモ行進も、ハンガーストライキも必要ない（もちろん、したい人もいるだろうけれど）。世界平和を願っているなら、ただネガティブな物事ばかりに注目するのをやめて、人生でうまくいっていることだけを探すようにすればいい。

人は誰でも、二つの周波数を持っている。一つは、脳の扁桃体《へんとうたい》にコントロールされた周波数で、たとえば恐ろしい事件や事故のニュースを見たときなどに発生する。そんなとき私たちは、「世界はなんて恐ろしい場所なの！　早くどこかに隠れなきゃ！」というエネルギーを、宇宙に向かって放出する。

もう一つは、世界を恐れていない周波数だ。世界は怖い場所ではないと知っている。その状態では、私たちは全人類に向かって愛と信頼のエネルギーを送り出している。「すべては一つ」だと信じているので、全人類と協力して、この地球のエネルギー・フィールドを書き換えることができる。

カリフォルニア大学サンディエゴ校のジェームズ・ファウラーと、ハーバード大学のニコラス・クリスタキスが行った研究によると、ただ誰かの慈善的な行動を観察するだけで、自分もいいことをするきっかけになるという。つまり、時間を過ぎたパーキングメーターに気づいたら、自分の車でなくても二五セント硬貨を入れてあげると、その利他的な行動がドミノ現象のように広がり、何十人、もしかしたら何百人もの人々が触発されて、彼らも利他的な行動を取るということだ。

さらに、いい行いは三次元先まで伝染するという。言い換えると、あなたの行動から私が影響を受け、そして私の行動から他の誰かが影響を受けるということだ。

しかし、私に言わせれば、それでもまだ過小評価だ。以前、あるカナダ人の男性からこんな話を聞いた。ドーナツショップへ行ってコーヒーを注文したところ、もう支払いはすんでいるのでお金はいらないと言われたそうだ。彼の前に注文した人が、次の人の分も払っていたからだ。彼はその行動に触発され、自分も次の人のために支払うことにした。

そのドーナツショップで働く近所の人と後で話したところ、「次の人の分を払う」という連鎖は四時間半も続いたという。純粋な慈善の精神が、こんなに長い時間、途切れることなく続いたのだ。

これはささいな出来事ではない。たった一つのいい行いは、何倍にも大きくなり、巨大な愛の力になる。

宇宙のサポートを受けられる自分になる「三〇日間の実験」

どうしてこうなったのかはよくわからないけれど、どうやら私は、いつのまにか宇宙のPR担当を引き受けてしまったようだ。

もちろんそれで得をすることはいろいろあるけれど、この仕事のいちばんいいところは、私の「雇い主」、つまり「宇宙の愛のエネルギー」が、いちいちうるさくないことだ。何の役にも立たない商品を売れとも言われないし、道徳的に間違っていることをしろとも言われないし、証拠がないことを信じろとも言われない。

宇宙は何かを売りつけようとしているのではない。ただ与えたいだけだ。ひたすら与えることしか考えていない。

宇宙のPR担当はたくさんいる。その一人である私の仕事は、「あなたは無条件に愛されている」というメッセージを広めることだ。どんなときも、何があろうと、例外なく、あなたは愛されている。

宇宙は必死になってあなたとつながろうとしている。宇宙（呼び方は神でも、無限の可能性でも、とにかくなんでもいい）はただ、あなたを祝福したいと思っている。あなたを導き、助け、最高のあなたになってもらうのが宇宙の望みだ。

そしてうれしいことに、宇宙のサポートを受けるために、あなたがしなければいけないことは何もない。宇宙の信頼を勝ち取る必要もない。ただ、世間から刷り込まれた「常識」を手放せばいいだけだ。

意識の中に空きスペースを作り、宇宙のエネルギーが流れ込めるようにするだけでいい。

がむしゃらにがんばるのをやめて、ただ流れに身を任せるだけでいい。

古い現実はもう時代遅れ。一昔前に流行《はや》ったディスコダンスと同じだ。そんなものにしがみついていると、本当にすばらしいものをみすみす逃してしまうことになる。

今すぐに私の言葉を信じる必要はない。今から行う三〇日間の実験で、信じられないような証拠をイヤというほど目撃することになるのだから。自分が今まで「偽物の現実」にしばられていただけだということが、心の底から理解できるだろう。

感謝することで受け取れる「四つの贈り物」とは

宇宙のPR担当はなかなかおいしい仕事だ。宇宙のことを売り込むのに難しいことはほとんどない。

ところが、とても小さな問題が一つだけある。

この地球に暮らす人間のほとんどは、自分の五感で感知できるものが世界のすべてだと考えている。人間の五感はそこまであてにならないことは、科学的に何度も証明されてきているのに、まだ私たちの考えは変わっていない。

それに私たちは、前にも登場した「頭の中の声」の言うことも信じている。もっと深く探れば、本当に役に立つ何かが見つかるかもしれないのに、表面的なものしか見えていない。頭の中で延々と流れているナンセンスな声を信じてしまっているのだ。頭の中の声が現実だと思い込んでいる。

人類が生まれたときから経験してきた「現実」は、じつは本当の現実ではない。自分の頭の中で勝手に想像したことでしかないので、その気になればすぐに変えることができる。**これは大事なことなのでもう一度言おう。あなたが「現実」だと信じ込んでいるこの物質世界は、いつでも変えることができるのだ。**

今とは違う周波数、具体的には感謝の周波数で振動するようになれば、人生のすべてが変わるだろう。たとえば、絶対に不可能だと思っていたことが実現したりする。もしかしたら、あなたも私にメールで報告してくれるかもしれない。そのメールは、きっとこんな言葉で始まっているだろう——「信じられないようなことが起こったの！」

宇宙のＰＲ担当である私の仕事は、読者のみなさんに四つの贈り物を届けることだ。

宇宙からの贈り物は、すべてあなた用にカスタマイズされている。カスタマイズは宇宙の仕事なので、あなたがどんな贈り物を受け取るかは私にはわからない。でも、これだけは保証できる。この本で説明している「感謝の周波数」に乗ることができれば、次の四つの贈り物を受け取るだろう。

あなたが受け取る贈り物❶

宇宙があなたの味方であるという証拠

それは「シンボル」の形で現れる。何かの「教え」や「導き」が必要になるたびに、このシンボルが目の前に現れるだろう。大げさなものではなく、ちょっとしたヒントや、ウィンク、うなずきのようなものだけれど、確実に正しい道を教えてくれる。

注意深くまわりを見てみれば、宇宙からの贈り物がいたるところにあるのがわかるだろう。宇宙はいつでも合図を送っている。「あなたは大丈夫。うまくいくよ」というメッセージを送ってくれている。

カトリック教会の最高位聖職者であるフランシスコ法王は、何か問題があったり、助けが必要になったりするたびに、白いバラが目に入るという。白いバラは、法王にとっての合図だ。神からのメッセージだ。また、私の友人のアノーラにとっては、鶴が神からのメッセージだという。

神からの祝福や合図は絶対になくならない。しかし残念ながら、たいていの人はまわりをよく見ていないし、昔と同じ周波数で振動している。頭の中の声を聞くのに忙しく、偽の現実に合わせて作られたウソの物語に振り回されている。それではシンボルを見逃してしまう。

新しい周波数に乗って、喜びと感謝の周波数に合わせれば、無限の恵みの存在に気づくことができるだろう。

あなたが受け取る贈り物❷

自然界からの愛

それは、一羽の鳥かもしれないし、一本の木かもしれないし、または夜空に広がる天の川かもしれない。自然の美しさ、喜び、ワクワクするような楽しさに心を開けば、人間という存在の限界を簡単に超えることができる。

レイチェル・カーソンは、この感覚を「センス・オブ・ワンダー」と呼んだ。「この感覚は退屈の解毒剤だ。人工的なものに虚《むな》しく執着し、力の源から切り離されている状態を終わりにすることができる」とカーソンは言う。

私からミズ・カーソンにうれしい報告がある。彼女が心から愛した自然界は最近になってさらにレベルを上げて、人間たちに気づいてもらうために残業までしてがんばってくれている。**アラジンの魔法のランプは三つの望みしかかなえてくれないけれど、自然は無制限にかなえてくれる。**

本当にあった話 1

元海兵隊員のスコット・ハリソンは、ベトナム戦争で膝を負傷し、わずか七か月でアメリカに送還されることになった。国に帰ってからは恥ずかしさのあまり、「他の兵士の目をまともに見ることができなかった」という。

ハリソンは罪悪感を紛らわせるために、アルコールとドラッグにのめり込んだ。他人を避け、最終的にカリフォルニア州のサンノゼに移り住むと、船の修理の仕事に就いた。

サンノゼでも、できるだけ他人との接触を避ける生活は続いていた。そして全長一〇メートルほどの帆船を自分で作ると、一人で太平洋の彼方《かなた》に向かって出発した。彼は気が動転し、船の上でずっと泣いていた。大きな嵐が来て、この惨めな人生を終わりにしてほしいと心から願っていた。

願いがかなえられないまま三〇日目を迎えたとき、船と同じくらいの大きさの鯨が近くにやってきて、ハリソンの目をじっと見つめた。その鯨は、三時間から四時間ぐらい、ずっと船の横を泳いでいた。

そのときハリソンは、「今までに経験したことがないほど、大きな愛に包まれているのを感じた」という。

あなたが受け取る贈り物❸ 見えない仲間からの合図

先に断っておかなくてはいけないが、「もう一つの世界」という呼び方は、じつは間違っている。

世界は一つだ。ただ私たちが「現実」だと信じている側面と、「奇跡」と解釈している側面があるというだけだ。「生きるのはつらい」というモードに入ると、「奇跡」の側面のほうは意識の外に追い出されてしまう。

宅配便のドライバーが自分の天使だと信じている人もいるだろう。亡くなった身内の声が聞こえるという人もいるかもしれない。または、肉体を持たない存在から、メッセージを受け取るという人もいるだろう。

いずれにせよ、現実は多層構造になっていて、今は見えていない世界にも、あなたを助けたいと思っている存在がたくさんいるということだ。

私たちは、肉体のある相手としか意思の疎通ができないと思い込んでいる。そのため、見えない仲間が送ってくれるメッセージをたくさん見逃してしまっている。たとえば、彼らは私たちよりずっと広い視野で物事を眺めることができる。物質世界から解放され、恐怖という狭い部屋に閉じ込められていないからだ。

本当にあった話 2

友人のアノーラのお父さんは、娘や、ちょうど自分が死んだ日に生まれた孫娘に何か伝えたいことがあるときは、アノーラの家のテレビを消すという方法を使っている。大好きなドラマを見ている最中にこれをやられたら、たしかに頭にくるだろう。でもこの方法なら、確実に存在に気づいてもらえる。

また、別の友人のシンディは、二〇代で亡くなった弟から定期的にメッセージを受け取っている。その声はとてもやさしく、どんな友人よりも愛にあふれているという。
そんなシンディも、弟が亡くなったばかりのころは、悲しみが大きすぎて弟の声をブロックしてしまっていた。二人は子供のころ、どちらかが先に死んだら、あの世からメッセージを送ろうと約束していたというのに。

弟が亡くなってからのある日、彼女は弟にこんなことを問いかけた。**「もっとわかりやすく自分の存在を知らせてくれないかな。たとえば、電気を使うとか？」**

その二日後、洗濯物をたたんでいるときに、二階から大音量の音楽が流れてきた。シンディは思わずむっとした。夫がふざけていると思ったからだ。でも二階へ向かうとき、廊下で夫とばったり会った。彼もまた、大音量の音楽に驚いて、音の鳴るほうへ向かっているところだった。音はバスルームから流れていた。**飾りのために置いたラジオから、弟が大好きだった曲が流れていたのだ。**

この話でいちばん不思議なのは、もう何年も使っていないそのラジオには、バッテリーが入っていなかったということだ。

あなたが受け取る贈り物❹ 思い込みから解放される

たとえばお金がいい例だ。お金に関しては、「お金の量には限りがあり、手に入れるのは難しい」という「真実」が昔から存在する。

今から二〇年前、私はあるワークショップに参加することに決めた。場所は私の住んでいるカンザス州から遠く離れたケープコッド半島で、受講料は一五〇〇ドル。当時の私はフリーライターの仕事を始めたばかり（たいていの人は「無職」と呼ぶような状態）だった。銀行口座にはおそらく五九ドルぐらいしか残っていなかっただろう。

三人の友人に事情を話して相談すると（バカなことをしたものだ）、やめたほうがいいという答えが返ってきたが、それでも私の決意はゆるがなかった。ちなみに、友人たちの意見は以下の通りだ。

・「いつまで夢みたいなことばかり言ってるの！」
・「無理に決まってる」

それでも私は、宇宙はなかなかの策略家だということを知っていたので、とりあえず前払い金の五〇ドルを支払った。

体験者だから言えるのだが、銀行口座に五九ドルしか残っていない状態にまでなると、「お金を自分の力で管理する」という考えを簡単に捨てることができる。私の場合は、「どう考えてもワークショップに通うお金がない」という「真実」を、とにかく無視するしかなかったのだ。

前払い金を支払ったその日の夜、知らない女性から電話があった。新しく始めた会社で、私と一緒にあるプロジェクトをやりたいという話だった。彼女の会社が乳ガン患者のために開発した人工乳房の素材を雑誌で紹介したいので、私に記事を書いてもらいたいという。

記事は二時間で書き上がった。記事が雑誌に出た効果で、彼女の会社は、二五万ドル近くの売上げがあった。

そして、執筆料として受け取った二〇〇〇ドルは、ワークショップの受講料と、ケープコッドまでの飛行機代で必要な額とぴったり同じだったのだ。

現実は見たままの姿ではないという例をもう一つあげよう。この話の主人公は、自己啓発の大家のディーパック・チョプラだ。というよりも、彼のアシスタントと言ったほうが正確かもしれない。アシスタントの女性は、なんとかしてチョプラと連絡を取ろうと必死になっていた。そのときチョプラはアフリカにいて、電話もインターネットも使えなかった。たいていの人だったら、その時点で「真実」を受け入れ、チョプラと連絡を取るのは無理だとあきらめるだろう。

しかし、彼女は違った。私が「101匹わんちゃんの法則」と呼んでいる方法を使って、チョプラに念を送ったのだ。すべてのものは見えないエネルギー・フィールドでつながっているのだから、どんなに離れていても気持ちは必ず届く――これが「101匹わんちゃんの法則」だ。

アシスタントの女性はこんな念を送った。「ディーパック、どうしてもあなたと連絡を取らなければならないの。今すぐ電話してください」

この物語の結末は、おそらく予想がついているだろう。**それから数時間のうちに、チョプラから電話があったのだ。**

そして、これは特別な人に起こった奇跡や偶然などではなく、誰にでも起こる「当たり前のこと」だ。

宇宙からのラブレターは、すでにあなたのポストに届いている

あなたはきっとこんなふうに思っているだろう。

「この人はどうしてここまで自信満々なんだろう。誰でも宇宙の恵みを受け取れると言い切るなんて」

私が自信満々に言い切っているのは、宇宙からの贈り物は、全部すでに目の前に存在するからだ。あなたの家のドアの前で、列を作って待っている。宇宙からのラブレターは、ただあなたに気づかれるのを待っている。

たしかにあなたのお尻は、トップ女優のお尻には負けるかもしれない。NBA選手ほどバスケットボールがうまくないかもしれない。それでも、他のものならたくさん持っているはずだ。もう深刻ぶるのはやめて、もっと気楽に人生を楽しもう。

持っていないものを欲しがる人生はもう終わり。すでに持っているものに感謝しよう。

第2章

さあ、
感謝のゲームを
始めよう

感謝のゲームの、収益報告書を作成しよう

さあ、感謝の周波数に乗るためのゲームを始めよう。

すばらしい世界を体験するのだ。

何から始めるかといえば、まずはあなたの「今」を書き出すことだ。

お金を増やすためには、まずは現状を把握することが大切だ。何を持っていて何が少ないのか、自分でわかっておかなければ、対策を立てることはできないし、お金が増えたかどうかもわからない。

感謝のゲームでも同じだ。

まずは自分の現状を確認しておこう。**出発点をきちんと把握しておけば、三〇日後に、自分がどれくらい成長したか確認できる。**

この実験での「基本的な五項目」は、五つの資本（錬金術資本、スピリチュアル資本、創造性資本、冒険資本、ソーシャル資本）だ。

それでは、感謝のゲームで基本となる五つの資本を、一つずつ紹介していこう。

大事な資本❶ 「錬金術資本」――うまくいっていることに感謝する

「うまくいっていること探し」を自分の使命にする。

いつでも物事のいい面を見るように心がける。

何度も言っているように、感謝の気持ちを抱くとあなたの現実世界に物理的な変化が起きる。私はこれを、**「錬金術資本」**と呼んでいる。

これはたぶん、人生でいちばん使っている資本だろう。錬金術資本は変化を起こすきっかけになる。革命の資本だ。感謝の気持ちは、内なる魔法だ。この魔法は、あなたの中にあり、人類全体の意識の中にあり、そして宇宙の中にある。

多くの人は変化を嫌う。変化を恐れ、なにがなんでも変化を避けようとする。とはいえ、変化は必ず起こるし、むしろ変化が起こったほうが世の中のためになる。

あなたは本当に、一〇年後もずっと同じ考え方で、ずっと同じ習慣で、ずっと同じ世界観を持ちつづけたいだろうか？

私は違う。一〇年後には、今とまったく違う人生を送っていたい。人生が変わるのは、私よりもずっと賢くて美しい宇宙が、私のために働いてくれたということだからだ。もちろん、今の人生にしがみつき、今あるものに執着するという生き方もあるだろう。でも、それは、自分の可能性をつぶすことになる。

大事な資本❷「スピリチュアル資本」――大いなる力に人生をゆだねる

人は誰でも、たくさんの**スピリチュアル資本**を持って生まれてくる。スピリチュアル資本とは、目に見えない大いなる力のことだ。**目に見えない力を信じて、感謝の気持ちで過ごすだけで宇宙はあなたをいつでも手助けしてくれる。**たくさんの宝物を惜しみなく与えてくれる。それなのに、せっかくの資本をきちんと生かしている人はほとんどいない。これほど大きなリターンが期待できる投資はないというのに。

それでは、なぜ私たちは、この貴重な資本を放置しているのだろうか。スピリチュアル資本は倉庫のすみっこでホコリをかぶり、存在さえも忘れられている状態だ。主な理由を三つあげよう。

1 時代の流れの中で、スピリチュアルは「クールじゃない」ものになった

頭のかたい原理主義者たちが、神を「上から目線のイヤなヤツ」に作りかえてしまった。彼らの考える神は何かを禁止するばかりで、神の教えそのものが、規則とルールでがんじがらめになっている。

2 ごほうびは未来のためにとっておくという考えがはびこっている

自称「宗教家」たちは、神（またはFP、または聖なるエネルギー）はいつでも手に入るということも教えてくれない。楽しみはあとにとっておくという考え方は、根本から間違っているのだ。

3 そもそも、スピリチュアルは目に見えない

目に見えないものを信じるなんて、頭がおかしくなったと思われてしまう。正体もわからないものに、自分の人生をゆだねるなんて信じられない、という風潮がある。

今のところ、私がいちばん気に入っている「スピリチュアル」の定義は、俳優のレイン・ウィルソンが言っていた「人生の大問題をじっくり味わう」という言葉だ。

ウィルソンのポッドキャストから引用しよう。

われわれ人類は、多くの点でサルと同じだ。バナナが好きで、お互いにグルーミングして、毛の手入れに多大な時間を使う。集団の上下関係があり、本気で腹が立ったらウンコを投げる。

どれも別に悪いことではない。しかし、サルと人間に違いがあるとすれば、それはスピリチュアルだ。人間の精神が、美しい芸術作品を創造し、会話を生み、物事の意味を考え、他者のための行動に私たちを駆り立てる。

あなた自身は、この「サルでない部分」とどのようにつながっているだろうか。自分が喜びを感じることをして、幸せを感じるところに向かっているだろうか。自分が喜ぶ道を進み、宇宙を動かしている見えない力に投資しているなら、「何をしたらいいのか」「どこに向かったらいいのか」という疑問はまったく浮かばないはずだ。

私たちは、真実とは正反対のことを教えられている。いい成績を取りなさい、人に好かれるようにしなさい、ふざけるのはやめなさいと言われて育つ。そのため、神が自分に望んでいることも、この人生で自分がするべきこともわからない。答えはすでに目の前にあるというのに。

スピリチュアル資本は宇宙のエネルギーとつながっている。私はこのエネルギーのことをFPと呼んでいるけれど、神やブッダ、または神聖な知性と呼ぶ人もいる。呼び方はなんでもかまわない。大切なのは、それをきちんと活用することだ。その巨大な力を認め、日常生活に取り入れることだ。

大事な資本❸ 「創造性資本」——ワクワクするものに向かっていく

日本語では、この気持ちを「ワクワクする」と表現する。ワクワクする気持ちは、自分の中にすでに備わっている「創造性資本」を探すときに、いちばん頼りになるGPSだ。そしてもちろん、創造性は芸術家だけのものではない。

スピリチュアル資本と同じように、創造性資本にも限界はない。私たちの誰もが、生まれながらにたくさん持っている。どんな人でも、想像力だけで一大帝国を築くことができる。創造の女神の恵みは永遠に続く。どんなにたくさんの歌や映画、本、発明、アイデアを生み出しても、泉が枯れることはない。まだこの世に存在しないものも、これからたくさん生まれてくるだろう。今のところ、創造の女神たちは、自分を「宣伝」して人間に気づいてもらおうとしている。

宇宙の中で、新しいものを創造するのは人間の役目だ。これは神聖な仕事であり、私たちの誰もがその仕事を任されている。

自分の中にある創造性資本にアクセスするには、ただ直感に従うだけでいい。自分の中にあるGPSが、正しい方向を教えてくれる。

もし生まれてから一度も「お金」という言葉を聞いたことがなかったら、あなたは何をやりたいだろう？　それが、あなたにとっての正しい方向だ。それを見つけたとき、あなたは震えるような喜びを感じるだろう。

自分がいちばんワクワクするものを追いかけよう。そうすれば、すばらしい人に出会い、すばらしい材料が手に入り、すばらしいチャンスがめぐってくる。

たとえば、『ダンス・ウィズ・ウルブズ』『アンタッチャブル』『さよならゲーム』といったすばらしい映画が存在するのも、ケビン・コスナーという一人の人間が自分の情熱に従ったからだ。

カリフォルニア州立大学フラトン校の四年生だったケビン・コスナーは、会計学の授業中に大学新聞をぱらぱらとめくっていた。大学での成績はパッとしなかった。それほど勉強が好きでもないし、実際のところ、経営学の学位を取ったところで、その先どうするかまでは考えていなかった。ただ、高校を卒業したときに、他にやることもなかったから大学に進んだだけだ。

そのとき、大学新聞に掲載されていたある広告が目にとまった。演劇学部が舞台のオーディションを行うという。コスナーに演技の経験はなかった。ずっと野球少年で、教会の聖歌隊で歌ったことがあるだけだ。それなのに、舞台のオーディションの広告を見たとき、全身に電流が走るような感覚に襲われた。絶対にこのオーディションを受けると確信した。こんなに強く何かを求めたのは、コスナーにとって生まれて初めてのことだった。

コスナーは言う。「私は新聞を閉じると、先生がつまらない授業をだらだらと続けるのをただ聞いていた。それでもある意味で、大学生活でいちばん興奮していたと言っていいだろう。まるで子供に戻ったようにワクワクしていたんだ」

オーディションに向かうとき、運転していたピックアップトラックのアクセルが戻らなくなった。車は時速一三〇キロでハイウェイを疾走している。このまま行くと、何かにぶつかって自分が死ぬか、誰かを殺すか、またはその両方になってしまう。幸いにもコスナーは冷静で、ギアをニュートラルに入れてエンジンを切ることができた。あとはただ惰性で進み、路肩で止まればいい。

車が止まると、コスナーは車から飛び降り、フェンスを跳び越え、オーディション会場へ走っていった。

この情熱のおかげで無事に役を獲得できたと報告できればいいのだが、現実は違った。本人も言っているように、「演技の技術なんてまるでなかった」からだ。

それでも情熱の火は消えなかった。ケビン・コスナーは、ついに自分の創造性資本を見つけたのだ。

「会計学の勉強にはまったく興味が持てなかったけれど、演技を見つけたときはすぐに『これだ』と思った。演技の勉強はまったく苦にならなかった」と、コスナーは言う。

コスナーは、大学のどの授業よりも熱心に演技を学んだ。昼間は大工の仕事をして、夜になると演劇学校に通った。週に三回も学校に行くこともあった。

「夢中になれるものを見つけたんだ。演技で食べていけるかどうかはわからなかったけれど、そんなことは気にならなかった。人生の目的がわからないという宙ぶらりんな状態から、やっと解放されたんだ」

大事な資本❹「冒険資本」――全力で楽しむ

人は永遠には生きられない。いつまで生きられるかは誰にもわからないのだから、すべての瞬間を最大限に楽しまなければならない。これが「**冒険資本**」の考え方だ。

冒険資本は、実験資本と呼ばれたり、最高に楽しい時間資本と呼ばれたりすることもある。**毎日を楽しい冒険に変えてくれる資本だ。**

ここで大切なのは、ヒマラヤ登山や、バーニング・マン（訳注：毎年アメリカの何もない荒野で一週間にわたって開催されるイベント）に参加することだけが冒険ではないということだ。初めて経験することすべてが冒険だ。いつもの生活に、少し刺激を与えるだけでいい。たとえば、いつもと違う道を通って会社に行く、行きつけのレストランでいつもと違うメニューを頼む、またはいつもなら「ノー」と言っているものに「イエス」と言うだけでもいい。

こういう冒険は、たしかに小さなことかもしれない。でも私は、大切な公共サービスだと思っている。宇宙に存在するすべてはつながっているのだから、すべての行動が他者へのサービスだ。どんなときでも、私たちは「宇宙全体の意識」に何かを提供している。

慣れ親しんだ空間の外に出ると、感覚がいつもより鋭くなる。世界が今までとは違って見える。普段よりずっと楽しくて、ワクワクするような場所になる。

大事な資本❺ 「ソーシャル資本」——応援してくれる友達を増やす

自分の幸運をまき散らそう。命を救い、地球を救おう。これは「ソーシャル資本」のための投資だ。そもそも、すべてのものはつながっているのだから、どうせなら友達になったほうがいいだろう。

子供のころのサマーキャンプを覚えているだろうか? ベッドのマットレスがぺたんこでも、プラスチックのお皿に載った料理が焦げていても、とにかく楽しくて仕方がなかったはずだ。怖いものなしの状態で、藪《やぶ》の中でもどんどん突進していく。虫がいても気にしないし、とがった針金が飛び出していても関係ない。

時間は無限にあり、水風船を投げたり、同じバンガローの友達の髪の毛にシェービングクリームを塗りたくったりするたびに、大きな歓声が上がっていただろう。

たしかに、こんなことをしても世界の飢餓問題は解決しないかもしれない。それでもあなたは、心から楽しもう。今この瞬間に全力投球しよう。大切な友達、あなたのソウルメイトたちがすぐそばにいるのだから、一緒に楽しいことを企《たくら》もう。

これは大切な財産だ。友達の存在は、どんな優良株を持っているよりも頼りになる。

友達は大切だという言葉は、たしかに決まり文句かもしれない。でも私がここで言っている友達は、大きな価値のある資産のことだ。ただの愚痴を吐き出す相手ではない。むしろ、一緒に楽しいことをする同志だ。一緒においしいものを食べ、深い会話を楽しむ仲間だ。だって、この人生で楽しまないのなら、生きている意味などあるだろうか？

ソーシャル資本とは、あなたを応援してくれる仲間のことだ。こちらが頼んだら、突拍子もない計画にも参加してくれる仲間のことだ。あなたにも、何か突拍子もない計画があるだろう。

人は誰でも、何か重要なことをしたいと思っている。自分に与えられた使命のようなもの、想像力をかき立てられるようなものを求めている。それがなければ、まるで退屈したペットのような人生になってしまうだろう。することといえば、お客さんに飛びついたり、スリッパに嚙《か》みついたりするだけだ。人間の場合は、退屈しのぎに必要ないものを買い、インターネットに意地悪なコメントを書き込み、髪の毛が脂ぎっていないかどうかを取り憑《つ》かれたように心配する。

ソーシャル資本の正しい使い方は、地球上のすべての存在を楽しい気持ちにさせることだ。たくさんの愛を届けることが、あなたの使命になる。

さあ、まずはあなたが今持っているそれぞれの資本について、一点から一〇点の間で点数をつけてみよう。たとえば、アイデアが次々とわいてきてまさに傑作を生み出しているところだというのなら、創造性資本は一〇点になる。一方で、スピリチュアル資本のほうはまだまだだというのなら、二点とか三点になるかもしれない。

そして、これから先、受け取った贈り物を書き留めておく欄も用意しておこう。三〇日後、また同じように収益報告書を書いてみると、「感謝」がどんな力を持っているかがわかるだろう。

さあ、準備はいいだろうか？

今日の日付 ＿＿＿＿＿＿＿＿

■ あなたの現状を書き出してみよう

◎錬金術資本（うまくいっていることに感謝する）：

◎スピリチュアル資本（大いなる力に自分の人生をゆだねる）：

◎創造性資本（ワクワクするものに向かっていく）：

◎冒険資本（全力で楽しむ）：

◎ソーシャル資本（応援してくれる友達）：

■ 受け取った贈り物

◎宇宙があなたの味方であるという証拠：

◎自然界からの愛：

◎見えない仲間からの合図：

◎思い込みから解放される：

まずはじめに……三〇日間毎日やるエクササイズ「ＡＡ２・０」

ニュースは「うまくいっていないこと」ばかり伝えているけれど、私はあえてその逆を行き、「うまくいっていること」ばかりを探すようにしてみた。すると、今まで問題だと思っていたことが、じつは放っておけば自然に解決するということがわかったのだ。私がヘタに手を出さないほうが、むしろ人生はうまくいく。

善、喜び、美といった見えない領域とのつながりが強くなるほど、どんどん幸せになっていく。計画を立てるのをやめるほど、魔法のようなことがたくさん起こるようになる。

計画を立てるときは、どうしても「すでに知っていること」が基盤になる。未知の何かのために計画を立てるのは難しい。なぜなら、もともと脳にインプットされていないからだ。聞いたことのないもののために完璧に準備をすることはできない。

しかし、見えない領域は、もっと広い視野を持っている。私たちが「いいもの」だけに意識を集中すると、エネルギーの流れができて、自分では想像もしていなかったような楽しい経験が次々と送り込まれてくる。

まずは、このことを体験するためのエクササイズ「ＡＡ２・０」から始めよう。ＡＡとは「Amazing Awesomeness」の頭文字だ。「とてつもなくすばらしいもの」という意味だ。

このエクササイズには二つのステップしかない。

ステップ❶　「今日、何かとてつもなくすばらしいことが起こる」と認める

このワークは、朝起きたら、まっさきに行う。

掛け布団を蹴飛ばしてベッドから飛び出る前に、熱いコーヒーを淹《い》れる前に、「何か予想もできないこと、ワクワクすること、とてつもなくすばらしいことが起こる」と、世界に向かって宣言する。

時間なんてほとんどかからない。三秒か、四秒くらいのものだ。

それでも、これほど大切な朝の行動はないと言っていいだろう。**朝の最初の数秒が、その後の二四時間をポジティブに変えるのだ。**前向きな気持ちで一日を始めることができる。

いいことを期待するので、いいことばかりに注目するようになる。

ステップ❷ 祝福と奇跡を信じる

あなたは私立探偵だ。依頼を受けた仕事は、世界に存在するすべての美しいもの、大きいものを発見すること。世間の常識は、むしろ逆のことを言っているかもしれない。世界は醜くて小さい場所だと証言する人が多いかもしれない。それでも粘り強く捜査を続ければ、まったく違う世界が見えてくるだろう。問題を探すのをやめて、祝福を探すようになれば、「世界は祝福に満ちている」ということに気づくだろう。

昔のネガティブ思考に戻ってしまわないために、毎日「とてつもなくすばらしいこと」を三つ見つけて記録しよう。メールで仲間に送ってもいいし、ツイートしてもいいし、フェイスブックに投稿するのでもいい。ここでのルールはただ一つ、それは「毎日違う内容にすること」だ。

三つの発見の例

ここで実例として、私が旅行記の仕事でベリーズに行ったときに発見した「とてつもなくすばらしいこと」を紹介しよう。

・木曜日：

フライトが時間通りで順調だった。

広大な熱帯雨林の中に滞在する。

南アフリカ出身のリゾート責任者と一緒にアルゼンチン産のワインを飲む。

・金曜日：

三〇〇〇年前のマヤ遺跡を探検した。

映画『ジュラシック・パーク』から抜け出してきたようなホエザルの鳴き声。

落差二〇〇メートル以上の滝に落ちる前にお気に入りの帽子を救出した。

・土曜日：

体長一メートルのウミガメと一メートルしか離れていないところで一緒に泳いだ。

ニシレモンザメ、オニカマス、ナンヨウハギを間近で見た。

釣ったばかりのロブスターでバーベキューをしながらカリビアン・カップ・

サッカーの決勝をテレビで見る夕べに招待された。

・日曜日：

朝にビーチを散歩しているとサギとペリカンに出会った。

午前一〇時のフライトの前にカクテルを飲んでジェラートを食べた。

予定より三〇分早く家に着いた。

この実験を三〇日間続けてみよう。お好みに合わせてやり方を少し変えてもかまわない。たとえば、「今日、何か魔法のようなことが起こる」などと、これから起こることを書いてもいいだろう。

それでも、毎日続けるというルールは絶対だ。どんなに不機嫌でも、どんなにひどいことがあっても、必ず最初の言葉「**何か予想もできないこと、ワクワクすること、とてつもなくすばらしいことが起こる**」を言って、新しい三つの発見を記録すること。

気分が盛り上がらないなら、歓声を上げてこぶしを振り上げるのを加えてもかまわない。ただメモするだけでもいい。とにかく、必ず新しい内容にすること。

ルイス・クラーク探検隊は、アメリカの白人で初めて、東海岸から太平洋まで陸路で到達することに成功した。私はよく、この探検隊の一員になったつもりで、未知の領域を探検することにしている。

人生では、自分が注目したことが現実になる。だから、ポジティブな物事だけに注目すれば、あなたの人生も一変する。

気が向いたときにできるパーティゲーム

ここからは、三〇日間毎日やらなくてもいい、気が向いたときに感謝の力を感じるためのいくつかの方法をお伝えする。

私にできるのは、せいぜい人に元気を与えることぐらいだ。だからここでは、「エクササイズ」と呼ぶのではなく、「パーティゲーム」という言葉で紹介したい。

それぞれのゲームには、「手に入るもの——パーティのおみやげ」と「本当にあった話——パーティのケーキ」もついている。おみやげは私がぜひみなさんとシェアしたい物語で、ケーキは、実際に「感謝」をすることで、宇宙から贈り物を受け取った人の話だ。ことわざで言われているように、「真実はケーキの中にある」というわけだ。

ケーキに何が入っているかは、実際に食べてみればわかる。論より証拠だ。私の好きな言葉をここでもくり返そう——**できた人が一人でもいるなら、誰でもできる。**

ゲームは自分のペースで進めていこう。「必要なときに行う」という取り組み方でかまわない。でも私のようにパーティが大好きな人なら、今すぐに参加しよう。

ルールはたった一つ。楽しむこと！

第3章

「感謝の周波数」に乗るためのパーティゲーム

パーティゲーム 1
宝物リストをつくろう

感謝の周波数に乗っている人は、自分がすべてを持っていることを知っている。足りないものは何もない。そしてこれからも、いつでもすべてが揃《そろ》っている。

欲しいもののリストを作ると、むしろそのリストに載っているものを遠ざけてしまうことになる。

感謝の周波数に乗っている人ならこう言うだろう。「**私はリストに載っているものをすべて持っている。そもそも持っているからこそ、それが存在することを知っているのだ。だからすべてのものに感謝して、喜びの歌とダンスを続けよう**」

だからこのゲームでは、欲しいもののリストは作らない。代わりにすでに持っているものをすべてリストにする。すでに持っていて、持っていることに感謝しているものだ。

すでに持っているおもちゃで楽しく遊んでいないのなら、なぜ新しいおもちゃを期待するのだろう？　そんな状態で、なぜ新しいおもちゃが欲しいなんて思うのだろう？

欲しいもののリストを作るのはたしかに楽しい。でも今日は、すでに持っているものをリストにしよう。あなたの人生にすでに存在する「笑っちゃうぐらい美しいもの」だ。

◉手に入るもの（パーティのおみやげ）――大ウソを手放す

はっきり言おう。

ケーキミックスを使ってラザニアを作ることはできない。

ピオリアの地図を見ながらロサンゼルスを目指していたら、ロデオドライブも、ハリウッド大通りも、ベニスビーチも見つからない。

それと同じように、幸せで充実した人生を送りたいのなら、今の自分は間違った道具を使っているということを認識しなければならない。

今だけでなく、ずっと昔からそうだった。心の平安と喜びを手に入れるのは、たしかに生まれながらの権利だ。でも、それを達成する方法はたった一つしかない。それは、古い価値観――ケーキミックスと古い地図を捨てることだ。

人類が生まれたときから、私たちはせっかくの意識の力を使って、何の役にも立たない現実を作りつづけている。

人間の意識は、思い込みや期待が複雑にからみあった迷路のような〝現実〟を作り上げてきた。しかしそのほとんどは、本当の現実とは似ても似つかない姿をしている。それなのに、私たちはその迷路の中で迷子になり、途方に暮れている状態だ。

私たちがこの地球に存在するのは、喜びを届け、すべてのものを愛するためだ。宇宙の粘土を使って自由にいろいろなものを作り、思いっきり楽しむためだ。でも、それを忘れてしまった私たちは、眉間に皺《しわ》を寄せて、大まじめに生きている。

人生に変化が起きないのは、このバカがつくほどのまじめさが原因だ。問題を解決することや成功することしか考えていないので、心から楽しむことも、創造的に遊ぶことも放棄してしまっている。

心の平安を手に入れ、人生の意味を本当に見つけたいと思っているなら、まず「人生は最低だ」という考えを捨てなければならない。自分の人生が最低だと思うなら、それは人生のせいではなく、あなたの使う道具が間違っているからだ。

私たち人間は、何らかの道具を使って自分の世界観を決めている。

今のところ、たいていの人は、知性と五感という道具を使っているだろう。しかし、この種の問題について学んだことがある人にとっては、知性も五感も役に立たないというのは常識だ。どちらも本当の現実は見せてくれない。

知性に頼って問題を解決しようとしたり、五感で現実を認識しようとしたりするのは、ロサンゼルスに行きたいのにピオリアの地図を見ているのと同じだ。知性も五感も、本当の現実は見せてくれない。それらが見せているのはただのホログラム（幻想）だ。R2-D2が映し出したレイア姫の像と変わらない。

この、単なるホログラムを現実と勘違いしていることが、今の時代の不幸と言えるだろう。私たちは、この「幻想の自分」を、本当の自分だと思い込んでいるのだ。

しかもそれどころか、「人間はすべての源から切り離されている」という大ウソを信じているのだ。エネルギー・フィールドと自分はつながっていないと信じている。でも私たちはみな、創造の力の源とつながっている——それが真実だ。

私たちはFPの一部だ。FPというエネルギー・フィールドは、神と呼んでも、宇宙と呼んでもいい。

ここで大切なのは、とにかく「それ」の存在に気づくこと。**私たちが現実だと思っていることは、すべてその根源的なエネルギーが作り出す一時的な形態にすぎないと知っていることが重要だ。**

この「意識が一時的に作り出したにすぎない複雑な迷路」から抜け出すには、宇宙を動かしている見えないつながりに頼るしかない。それが唯一の方法だ。それ以外の方法は、ただのまやかしにすぎない。

本当にあった話（パーティのケーキ）

古い世界観を捨てれば、遊べる場所がもっと大きく広がるだろう。昨日はある選択肢が「絶対」だと思っていたのに、いきなり別の可能性が見えてくる。理屈では説明できないものや、常識に当てはまらないものも存在するということがわかってくる。

私は自分のブログで、読者の体験談を紹介している。大きな可能性に目を向け、奇跡を体験した人たちの物語だ。

一九九二年、大学教授で、科学雑誌「サイエンティフィック・アメリカン」に毎月コラムを寄稿しているマイケル・シャーマー博士は、いわゆる「超常現象」なるものを科学的に検証してやろうと決心し、「スケプティック（懐疑論者）」という雑誌を創刊した。博士は根っからの無神論者でもあり、「神は存在するか」というテーマのテレビ討論に出演し、ディーパック・チョプラと激論を戦わせたこともある。

学問の世界の人が、このような体験を語ることはめったにない。科学的に証明できないことなんて相手にしていないからだ。だからこそ、私はこれから紹介する物語が大好きなのだ。

二〇一四年の夏、マイケル・シャーマーはドイツのケルン出身の女性と結婚した。女性の名前はイェニファー・グラフだ。彼女の荷物をカリフォルニアにあるシャーマーの自宅に送る途中で箱が壊れ、グラフ家に代々伝わる大切なもののいくつかが失われてしまった。

それでも、大好きなおじいさんのものだったトランジスタラジオは無事だった。おじいさんのヴァルターはイェニファーにとってかけがえのない存在で、彼女が一六歳のときに亡くなった。

ラジオはもう何十年も前に音が出なくなっていた。それでもマイケルは、このラジオが妻にとってどんなに大切なものかわかっていたので、なんとか使えるようにしようとがんばった。まずバッテリーを交換した。どこか断線していないか調べてみた。硬い柱にゴンとぶつけてみたりもした。しかしどうしても直らないので、マイケルはついにあきらめた。イェニファーは寝室のタンスの引き出しの奥にラジオをしまった。

そして結婚式の当日、家族の前で指輪を交換して結婚の誓いを立てたイェニファーは、故郷から一万キロも離れて少し心細さを感じていた。ヴァルターおじいさんもここにいて、自分を送り出してくれたら、どんなに心強かっただろう、と彼女は思った。

式が終わると、彼女はマイケルを呼び、「寝室から音楽が聞こえてくるの」と小さな声で言った。寝室にステレオは置いていなかったので、二人はまずパソコンとスマートフォンをチェックした。お隣さんがパーティでも開いているのかと思い、裏庭の戸を開けてみたりもした。それでも音の出所がどうしてもわからない。

マイケルは「サイエンティフィック・アメリカン」誌にこんなことを書いている。「突然、イェニファーがすごい形相で私のほうを見た。あんな顔は映画『エクソシスト』でしか見たことがなかった」

「まさかそんなことがあるわけないわよね?」と、彼女は言った。

二人でタンスの引き出しを開けると、思った通り、中にしまっていたあのおじいさんのラジオから音楽が流れていたのだ。ロマンチックなラブソングだった。

ラジオは結婚式の日が終わるまで、ずっと音楽を流していた。一日が終わるころ、二人はおじいさんのラジオから流れるクラシックを聴きながら眠りに就いた。翌日になると、ラジオはまた静かになっていた。それ以来、ラジオはずっと沈黙を守っている。

マイケル・シャーマーは筋金入りの懐疑論者なので、そういうオカルトめいた話はまったく信じていなかった。しかし、自分で経験したとなると、信じないわけにはいかない。この、「偶然と呼ぶにはあまりにも不思議な出来事」をきっかけに、自分の存在の核が揺さぶられ、懐疑主義について根本から考え直すことになったという。

これがまさに「奇跡」というものだ。科学的に証明できることしか信用しないという態度をかたくなに守ってきたシャーマーのような人が、公の場で考え方を変えたことを表明する。**真実にいたる道は科学だけではないかもしれないということを、彼は認めているのだ。**科学的に証明できる世界だけでなく、もっと別の世界も存在するのかもしれない。

少なくとも、シャーマーはこう認めている。「知覚の扉を閉じてはいけない。未知の世界、驚異の世界へと続く扉かもしれないのだから」

写真をシェア

あなたの宝物の写真を撮る。

パーティゲーム 2

応援団に入部せよ！

引き寄せの法則で使われる「許す」という言葉を、あなたはどのように解釈しているだろうか？

たいていの人は、「マセラティのスポーツカーが自分のところにやってくるのを許す」「完璧なパートナーが現れるのを許す」というふうに解釈している。

この解釈は、ある程度までは正しい。感謝の周波数に乗っている人は、未来の可能性を、自分自身でつぶしてしまうことがない。そのために、特に苦労することもなく、エネルギー・フィールドにある「欲しいもの」を手に入れることができる。

私の提案するこのゲームは、「欲しいものを手に入れる」のとは、ちょっと違う。

このゲームは、愚痴や文句を言うのがやめられない人、「自分は被害者だ」という気持ちが捨てられない人のためのゲームだ。

このゲームで実践する「許し」とは、とにかく目の前にあるものを許すことだ。それが壊れた車でも、かんしゃくを起こした二歳児でも、「たくさん税金を払え」という通知であっても、すべて受け入れる。

どんなにイヤなものに見えようとも、それは自分が出現することを許したからここにあるのだと考えよう。自分の振動が、同じ振動を持つそれらを引き寄せたのだと認めるのだ。目の前にうれしくないものが出てきたとしても、そこから逃げ出す方法や、それを変える方法を考えるのではなく、まずはそれをありのままに受け入れなければならない。そして、それに感謝しなければならない。それは「いいもの」だと認めなければならない。

自由と力は、身の回りのすべてに感謝するという姿勢から生まれる。受け入れるのを拒否したもの、心から感謝しなかったものは、いずれあなたをしばる鎖になるだろう。そして、あなたと「最高の喜び」の間に、壁を築くだろう。

ゲームの説明をしよう。

人生で起こることすべてを「許す」と決める。どんなにつまらないものでも、いや、むしろつまらないものだからこそ許す。たとえばこんなことだ。

・「私は朝の光が窓を通って部屋に流れ込むのを許す」
・「私は犬がベッドの横で音を立ててエサを食べるのを許す」
・「私は蛇口から出た水が歯ブラシを濡《ぬ》らすのを許す」
・「私はこのミント味の歯磨き粉が口の中をさっぱりさせるのを許す」

こうやって、単純な事柄で練習を重ねると、「許しの筋肉」が鍛えられる。

コツをつかんだら、もっと許しにくいものを許してみよう。二〇〇ドルの支払いでもいいし、自分の力ではどうにもできないような、絶望的な状況でもいい。

たとえば、こんなふうに言う。

「アカデミー協会、私の母、怒られてばかりだった小学校二年生のときの担任の先生に感謝します。この焦げたベーグルと、二時間もかかる通勤と、マンモグラフィの再検査をありがとう」

すべての状況はあなたの創造物だ。その創造物に対して、好奇心を持ってみよう。なぜ起きているのか不思議に思い、考え、そして何よりも、それを愛する。これが、自分の人生を自分で支配するということだ。

◉手に入るもの（パーティのおみやげ）――悟りへの近道

感謝をすることで、あなたの頭の中には、次のような「三つの真実」を入れる空間ができる。

①あなたが何をしても、あなたの人生に何が起こっても、すべての源から切り離されることは絶対にない。

②あなたはこの宇宙でいちばん愛されている存在だ。今、あなたが知っている「愛」という言葉は、すべての源とあなたとの永遠の深いつながりの、ほんの一部しか表現していない。

③あなたはこの名前のない大きなものと永遠につながっているから、世界を創造する力を持っている。そもそも、あなたはそのために存在するのだ。

◢本当にあった話（パーティのケーキ）◣

ローナ・バーンは「変わった」子供だった。壁をじっと見つめたり、空想のお友達と遊んだりしていた。

医者からは知能に問題があると言われ、学校は一四歳で行くのをやめた。「読書障害」

と診断されたので、貧しいバーン一家は、この「頭の悪い」娘のために教科書や服を買う必要はないと考えたからだ。

ところが、ローナ・バーンは、むしろ一般の私たちよりかなり賢い子供だった。普通の人には見えないものが見えていた。奇跡のようなものや、美しいものだ。

彼女は壁を見ていたのではない。天使の声を聞いていたのだ。しかし、そのことを誰にも秘密にしていた。「まだ誰にも話してはいけないよ」と、天使がローナに言ったからだ。

天使のことを両親に話したら、彼女は間違いなく精神科に入院させられる。天使もそれがわかっていたので、口止めしたのだ。天使は彼女のために、もっと違う人生を用意していた。

大人になった現在も、ローナ・バーンには天使の存在が見えている。私たちがスマートフォンを見るのと同じくらい、はっきり見えている。「天使は私の先生であり、友人です」と、ローナは言う。

また、ローナの「お友達」の一人は、彼女が生まれる前に亡くなった兄のクリストファーだ。他の家族にとって、クリストファーは生後一〇週間でいなくなった存在だ。しかしあまりにもはっきり見えていたので、ローナがそのことに気づいたのは一五歳になってからだった。彼女はまた、病気の人の中にある「暗いエネルギー」も見ることができた。**ローナには光の渦が見える。きらめく色も、エネルギーの波も見える。私たちはそのすべてを見ることができない。なぜなら、常識はずれのものは意識からブロックするように訓練されているからだ。**

彼女は天使に導かれ、自然界と会話をした。世界を見る方法を教わった。彼女は天使を愛し、信頼するようになった。天使に言われて手を広げると、光で作られた星や花のホログラムが浮かぶこともあった。その光は、彼女の手のひらからはるか遠くまで照らしていた。

天使が彼女に言ったことは、すべて現実になった。

子供のころ、現実の友達と遊んでいるときに、友達のお父さんが助けを求める声が聞こえてきた。そのときお父さんは、ずっと遠くにある自動車修理工場で仕事をしていた。友達と一緒に急いで工場に行ってみると、お父さんが血だらけで倒れていた。倒れた車の下敷きになっていたのだ。

また、自転車に乗った二人の若者がバスに轢《ひ》かれたときは、救急車がやってきて懸命に二人を救出しようとしていたが、ローナにはそのまま天国に向かって自転車を漕いでいく二人の姿が見えていた。

ローナが一〇歳のとき、天使の一人が川の真ん中で大きなスクリーンを広げた。スクリーンには、長身で赤毛で、ハンサムな若者の姿が映し出された。

天使は言った。**「この人を覚えておきなさい。数年のうちに出会うことになるでしょう。二人は結婚し、やがて子供も生まれます。あなたはとても幸せになるでしょう」**

天使はまた、その若者はまだ若いうちに神の元に召されるとも言った。未来の夫についてこんな情報を知りたい人はいないだろうが、それでもローナは、天使の言うことはすべて信じるようになっていた。

ローナが一六歳になると、スクリーンに映っていた男性が彼女の父親の店で働きはじめた。彼の名前はジョーだ。二人は恋に落ち、結婚した。天使の予言通りだ。天使の予言は、ジョーの寿命についても正しかった。一九七五年に結婚し、四人の子供に恵まれたが、ジョーは病気になって二〇〇〇年に亡くなった。いちばん下の子供はまだ五歳だった。

ジョーが亡くなると、ローナは天使のすすめに従って、自分の不思議な体験をすべて公にした。天使は昔から、ローナがいずれ本を書くことになると予言していた。彼女は最初は笑っていたが、それでも天使の言葉が現実になることを受け入れていた。

ローナは、二〇一六年の時点で四冊の本を出している。BBCのテレビ番組に出演し、雑誌「エコノミスト」で紹介され、世界各国の集まりに招待された。私がローナに会ったのは、ロンドンで開催された、出版社ヘイ・ハウスの会議の席だった。

私もたしかに奇跡や魔法について書いているが、それでも一日二四時間ずっと天使と一緒にいるなんて言われると、さすがに疑ってしまう。しかしローナは、間違いなく本物だ。

ここでローナの物語を紹介したのは、守護天使占いとか、そういうものをすすめたいからではない。ただ自分の固定観念を疑い、新しい可能性に目を向けてもらいたかったからだ。

ローナによると、誰でも赤ちゃんのときは天使や精霊が見えている。でも最初の言葉を話すころになると、何が「現実」で、何が違うのかということを「学んで」しまうのだ。

世間の常識に従い、凝り固まった現実を受け入れたときに、人は自分を取り巻く魔法の世界とのつながりを失うことになる。

写真をシェア

以前は拒絶していたけれど、今は心の底から受け入れているものの写真を撮る。

パーティゲーム❸

感謝の筋肉を鍛える

どうでもいいことに感動するのが次のゲームだ。

子供が健康であることや、近くにくつろげるカフェがあること、結婚生活がうまくいっていることなど、ありがたいことに感謝するのは簡単だ。

でも、このゲームでは、感謝のレベルをもう一段階上げてもらう。感謝の筋肉を鍛えて、ちょっとしたことや、特に役に立たないことにも感謝できるようになるのが目標だ。

たとえば、晴れわたった朝の空を見上げると、野生の雁《がん》がきれいなV字隊形で飛んでいたこと。インターネットで笑える動画を見て明るい気分になったこと。駐車場のコンクリートの隙間からタンポポが生えていること……。そんなことに感謝してみよう。

◉手に入るもの（パーティのおみやげ）——感謝の周波数の雑音を消す

感謝の周波数で振動しているときは、宇宙がどんなものでも届けてくれる。手品で帽子からウサギが飛び出すように、驚くようなものでも、なんでも出現する。

しかし、そんな周波数にずっと乗っていられる人はほとんどいない。すぐに電波が乱れて、将来のことが心配になったり、過去の失敗をくよくよ悩んだりしてしまう。つまり、エネルギーの雑音を作っているということだ。

魔法の世界では、すべてのことが自然に起こる。私たちが努力しなければならないことは何もない。でもエネルギーに雑音が入っていると、その魔法の世界がブロックされてしまう。

喜びの周波数にぴったり合わせれば、自分のエネルギーを一〇〇パーセント活用することができる。出会う人すべてが興味深い存在になり、すべての状況にワクワクするようになる。世界とけんかするのをやめれば、内なるエネルギーが自然に目を覚ます。

雑音がなくなると、もう真実を止められるものは何もない。そのとき、あなたの人生観は一変するだろう。人々も、状況も、すべてが今までとは違って見えてくる。

雑音がなくなったら、今度は自分の道を選ぶことになる――今の状態をこのまま続けるのか、それとも新しい冒険に出発するのか、自分で決められる。

本当にあった話（パーティのケーキ）

エネルギーの電波障害がなくなると、具体的にはどんなことが起こるのか。友人のジェイの物語を読めば、それがわかるかもしれない。

ジェイはうっかりして、自宅のガレージのドアを開けるリモコンを車に置いたままレンタカーを返却してしまった。気づいて急いで店に戻ったのに、その車はすでに他の人に貸し出されていた。

ジェイにとっては最悪の状況だった。リモコンの一件に加え、じつはクレジットカードも前の晩に飲んだバーに忘れてきてしまったからだ。そのバーが開店するのは三時間後で、友人とのランチの約束は目前に迫っている。しかも、四歳の息子のエメットは、よりによってそんなときにかんしゃくを起こしてくれた。

ランチの約束の時間が迫っているのに、ガレージのリモコンもクレジットカードもなく、子供もぐずっているという危機的な状況にもかかわらず、彼の心はなぜか穏やかだった。愛と感謝しか感じていなかった。

「自分でも不思議なんだけど、なぜか感謝の気持ちしかなかったんだ。すべては最終的にうまくいくと心の底から信じていた」と、ジェイは言う。

新版 科学がつきとめた「運のいい人」

中野信子 著

運は100%自分次第！「運がずっといい人」には科学的根拠があります！日本再注目の脳科学者がつきとめた運のいい人だけがやっている思考と行動。強運は行動習慣の結果です！

定価＝1650円（10%税込） 978-4-7631-4080-7

生き方

稲盛和夫 著

大きな夢をかなえ、たしかな人生を歩むために一番大切なのは、人間として正しい生き方をすること。二つの世界的大企業・京セラとKDDIを創業した当代随一の経営者がすべての人に贈る、渾身の人生哲学！

定価＝1870円（10%税込） 978-4-7631-9543-2

100年ひざ

巽 一郎 著

世界が注目するひざのスーパードクターが教えるひざが手術なしで元気になる3つの方法。すり減った軟骨は「1分足ほうり」で甦る！「100年足腰」で10万部突破！の著者のひざに特化した最新刊！

定価＝1540円（10%税込） 978-4-7631-4066-1

で購読できます。

一生頭がよくなり続ける すごい脳の使い方

加藤俊徳 著

学び直したい大人必読！大人には大人にあった勉強法がある。脳科学に基づく大人の脳の使い方を紹介。一生頭がよくなり続けるすごい脳が手に入ります！

定価＝1540円（10%税込） 978-4-7631-3984-9

やさしさを忘れぬうちに

川口俊和 著

過去に戻れる不思議な喫茶店フニクリフニクラで起こった心温まる四つの奇跡。
ハリウッド映像化！世界320万部ベストセラーの『コーヒーが冷めないうちに』シリーズ第5巻。

定価＝1540円（10%税込） 978-4-7631-4039-5

ほどよく忘れて生きていく

藤井英子 著

91歳の現役心療内科医の「言葉のやさしさに癒された」と大評判！
いやなこと、執着、こだわり、誰かへの期待、後悔、過去の栄光…。「忘れる」ことは、「若返る」こと。
心と体をスッと軽くする人生100年時代のさっぱり生き方作法。

定価＝1540円（10%税込） 978-4-7631-4035-7

電子版はサンマーク出版直営電子ストアほか

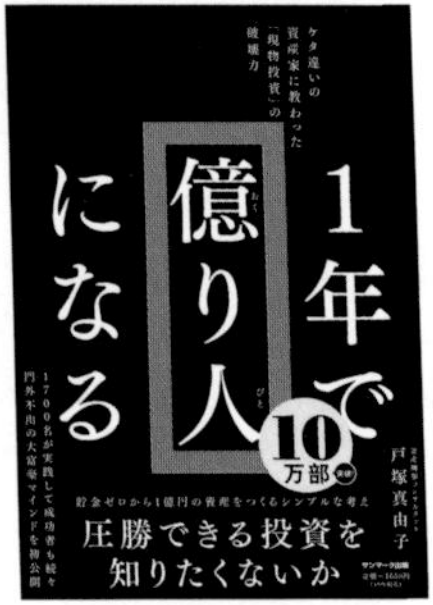

1年で億り人になる

戸塚真由子 著

今一番売れてる「資産作り」の本!
『億り人』とは、投資活動によって、1億円超えの資産を築いた人のこと。
お金の悩みは今年で完全卒業です。
大好評10万部突破!!

(定価= 1650円(10%税込) 978-4-7631-4006-7)

ぺんたと小春《こはる》の めんどいまちがいさがし

ペンギン飛行機製作所 製作

やってもやっても終わらない!
最強のヒマつぶしBOOK。
集中力、観察力が身につく、ムズたのしいまちがいさがしにチャレンジ!

(定価= 1210円(10%税込) 978-4-7631-3859-0)

ゆすってごらん りんごの木

ニコ・シュテルンバウム 著　中村智子 訳

本をふって、まわして、こすって、息ふきかけて…。子どもといっしょに楽しめる「参加型絵本」の決定版!ドイツの超ロング&ベストセラー絵本、日本上陸!

(定価= 1210円(10%税込) 978-4-7631-3900-9)

救うた

いに映画化

78-4-7631-3880-4)

現金を引き出すために銀行へ行くと、駐車場に見覚えのある車が停《と》まっていた。あのリモコンを置き忘れたレンタカーだ！　年輩の紳士がその車の横に立ち、携帯電話で話している。ジェイは老紳士に話しかけた。「それはあなたの車ですか？」

「いや、息子のです。今は銀行にいますよ」

ジェイは事情を説明して、車の中を捜してもいいかと尋ねた。

そして無事にガレージのリモコンを回収すると、ふと思い立ち、あのクレジットカードを忘れたバーにも行ってみることにした。バーの開店までまだ二時間ほどあった。しかしジェイが行ってみると、ちょうどオーナーがバーの外に椅子を出して座っていた。

「あんたは本当にツイてるよ」と、オーナーはジェイに言った。「いつもなら三時になるまで来ないからね。今日はカーペットの掃除があるからたまたま早く来たんだ」

ジェイはもちろん、これは偶然ではないとわかっていた。こちらであえて雑音を出さなければ、魔法はいつでも手に入る場所にある。

写真をシェア

どうってことはなくても、自分は好きだと思うものの写真を撮る。

パーティゲーム❹

壊れたレコードになる

次に紹介するのは「ありがとう」のゲームだ。

人生で起こるすべてのことに「ありがとう」と言う。とにかく「すべて」にだ。感謝の言葉は、「サンキュー」でも「グラシアス」でも、好きに選んでもらいたい。**とにかく、すべてに対して感謝すること。例外はなし。言い訳もなしだ。**

例をあげよう。

・朝、目覚まし時計が鳴ったら……

「今日もこうやって地球上に存在できることに感謝します」（今日を生きたくても生きられなかった人がいる）

・朝起きてトイレに行くときは……

「A地点からB地点に移動できることに感謝します」（タクシーがつかまらなくてイライ

ラの絶頂になることもある）

・朝食のシリアルをかき混ぜているときは……

「十分な栄養が摂《と》れることに感謝します」（あなたがシリアルを食べ終えるまでの時間で、全世界で七五人[*1]が栄養失調のために命を落としている）

＊1　七五人という数字は、シリアルを食べるのに五分かかると考えて算出した。のんびり食べて一〇分かかったのなら、その間に一五〇人の同胞が命を落とすことになる。念のために言っておくと、この数字の根拠は国連の統計だ。

この本のアメリカでの出版社であるヘイ・ハウスの創設者、ルイーズ・ヘイは、常軌を逸した感謝の実践者だ。

朝目を覚ますと、まずシーツと枕に感謝する。そして太陽の光に感謝する。

ランチのときは、お皿の上にあるアスパラガスとサツマイモに感謝する。

ルイーズの友人であるデーヴィッド・ケスラーは、「彼女の感謝のすごさに戸惑うこともあるけれど、彼女のほうが私よりいい世界で生きているのは間違いない」と言う。

脳科学者のジル・ボルト・テイラーも、過激な感謝の実践者だ。一九九六年一二月一〇日、彼女は脳卒中に襲われ、それから八年もの間、歩くことも、話すことも、読むことも、書くこともできなかった。それでも彼女は、朝目を覚ますたびに、自分の体を構成する六○兆個の細胞に、心から「ありがとう」と伝えていた。

「毎日が神聖で、かけがえのない時間です。私は朝目を覚ますと、まず手の指とつま先を動かして、自分の細胞に話しかけます。『みんな、おはよう。今日もすばらしい一日をありがとう』と」

◉手に入るもの（パーティのおみやげ）――頭の中の困った声を黙らせる

人生のどの瞬間を切り取っても、あるべき自然な状態で生きているか、またはそうでないかのどちらかに分類される。

あるべき自然な状態とは、喜びにあふれ、生き生きとしていて、エネルギーの振動を感じている状態だ。

人は自然な状態にあると、すべての瞬間に贈り物を見つけ、喜びのダンスを踊っている。しかし人間とは愚かなもので、自分の自然の状態がどんなものかまったくわかっていない。自分が宇宙のエネルギーとつながっていて、いつでも祝福が流れ込んできていることに気づいていない。『クマのプーさん』に登場するネガティブキャラクターのイーヨーのように、いつも「かわいそうな自分」を嘆いてため息をついている。可能性の扉を閉じてかんぬきをかけたのは他ならぬ自分なのに、そのことにまったく気づいていない。

ここでのいいニュースは、たとえこちらが存在に気づいていなくても、魔法の世界はびくともしないということだ。宇宙のエネルギーはいつでもそこにあり、私たちを絶対に見捨てない。

宇宙に気に入ってもらうのに資格はいらない。努力もまったく必要ない。熱心にお祈りをする必要もないし、長々と瞑想《めいそう》をする必要もないし、無の境地になる必要もない。

実際のところ、あるべき自然な状態で生きるのは、びっくりするぐらい簡単だ。むしろ簡単すぎるせいで、誰にも信じてもらえないという皮肉な状況になっている。

本当にあった話（パーティのケーキ）

キャサリン・ビーハンは、ちょっとした実験をしてみることにした。彼女は七年前から引き寄せの法則を実践していて、なかなかすごいものを引き寄せることに成功している。

クライアントや休暇、友達、恋人などだ。

しかしそんな彼女でも、他の人と同じ問題を抱えていた。頭の中の声が黙ってくれず、「そんなのはみんなウソに決まっている」としつこく言ってくるのだ。

キャサリンの兄は、そんなネガティブな声の代弁者のような存在だった。よくキャサリンを呼びつけては、「いつまでもふらふら遊んでいるな。早く仕事を見つけなさい」と、お説教をしていたという。

とはいえキャサリンは、デートサイトの運営と、恋愛相談の仕事でかなり成功していた。そこで兄や頭の中の声を無視して、自分の信念を試してみることにした。

彼女はこんな仮説を立てた。**「宇宙が私を愛していて、私に幸せになってほしいと思っているというのがもし本当なら、私はただ幸せになるだけで、こまかいことはすべて宇宙に任せておいても大丈夫だ」**

この仮説を検証するために、好きなことしかしない生活を送ることにした。つまり、犬と一緒にビーチへ行ったり、大きな海を眺めたりするだけの生活だ。また、日記帳に、理想の生活や、信じている価値観なども書き込んだ。

始めてからしばらくの間、頭の中の声は大きくなるばかりだった。「そんなことをしていたら破産するわよ。何をバカなことをしているの？　働くのは大人の義務でしょう？」

それでもキャサリンは屈しなかった。やりたいことしかしないと、かたく心に誓っていたのだ。

キャサリンは言う。**「ついに頭の中の声を小さくすることができたの。ただ美しいものだけに集中して、やりたいことしかやらないようにしていた」**

頭の中に散らかっていたゴミを片づけたら、チャンスが向こうからやってくるようになったのだ。正しい人が彼女の人生に出現するようになった。たとえば、気球に乗るイベントや、すべて無料のクルーズに招待されたりした。遺産でまとまったお金が入り、ワークショップに参加するためにメキシコに行き、愛の海の上を漂っているような気分を味わったという。

「気味が悪いほどだった」と、キャサリンは言う。「日記帳に書いたことが、そっくりそのまま現実になるの。まるで『オズの魔法使い』のドロシーになった気分よ」

写真をシェア

今日、朝いちばんに感謝したものの写真を撮る。

いろんな国の言葉で「ありがとう」

二二の言語で「ありがとう」と言うためのガイドだ。

・アラビア語 ―― シュクラン
・中国語 ―― シエシエ
・クロアチア語 ―― フヴァーラ
・チェコ語 ―― デクイー
・オランダ語 ―― ダンキェ・ヴェル
・フランス語 ―― メルシ
・ドイツ語 ―― ダンケ
・ギリシャ語 ―― エフハリストー
・ヘブライ語 ―― トダ

・ヒンディー語――ダンニャバード
・ハンガリー語――クスヌム
・イタリア語――グラツィエ
・日本語――ありがとう
・韓国語――カムサハムニダ
・ポルトガル語――オブリガード／オブリガーダ（男性語／女性語）
・ポーランド語――ジェンクイエン
・ロシア語――スパシーバ
・スペイン語――グラシアス
・スワヒリ語――アサンテ
・スウェーデン語――タッキ
・トルコ語――テシェキュルエデリム
・ベトナム語――カム・オン

パーティゲーム 5

砂浜から目を離すな！

何が楽しくて、何が楽しくないかということも、世の中の偏見や常識によって決められてしまっている。

そこでこのゲームでは、何をしているときも「これは楽しいことだ」と考える。その中に、何か楽しめることを見つける。これは休暇だと思い込む。

『夜と霧』（みすず書房）の著者のヴィクトール・フランクルは、ナチスの強制収容所の中にいても、人生の意味を見つけることができた。それなら、免許更新の長い行列だって、パーティに変えられるはずだ。

態度がすべてを決めている。長い行列にうんざりして文句ばかり言うこともできるし、その時間を歌って踊って楽しく過ごすこともできる。

自分の前にまだ一五人もいる？　もしかしたらその人たちが、新しい親友になるかもしれない。一緒にハモって歌うことだってできるかもしれない。

どんなに列が長くても、どんなに「することリスト」がぎっしり埋まっていても、態度がすべてだということを忘れないようにしよう。どんな面倒な作業でも、あなたの人生を変えるきっかけになるのだ。

◉手に入るもの（パーティのおみやげ）――ネガティブ思考の拘束衣を脱ぎ捨てる

先日、娘のタズと一緒に、コスタリカのサンタテレサでサーフィンのレッスンを受けた。ベネズエラ人の先生の教えはとてもわかりやすかった。

「ボードに乗ったら、ずっと砂浜を見ていること。何があっても砂浜から目を離してはいけない。ボードはいつでも、自分が見ている方向に進んでいくからだ」。先生のヘススは、セクシーなラテンのアクセントでそう言った。

ヘススはおそらく、この初心者の二人組が、ごつごつした岩場に衝突するのだけは避けたかったのだろう。断固とした口調でくり返した。

「とにかく砂浜から目を離さないこと」

「でも、ボードの上に立って波に乗るときは……？」

「ずっと砂浜を見ていること」

ヘススの教えは人生でも役に立つ。

人生でうまくいかないことについてくよくよ思い悩んでいると、岩場のほうに向かってしまうのだ。反対に、何かワクワクするようなことを考えていれば、柔らかい砂浜のほうに向かっていく。

私の場合も、旅行ライターの仕事を始めるとき、選択肢は二つあった。

選択肢1：岩場を見る。

・私はカンザスの田舎者で無名だ。

・旅行ライターで生計を立てている人なんて聞いたことがない。

・何から始めたらいいのかわからない。

選択肢2：砂浜を見る。

・仕事で外国に行き、外国の人たちと知り合い、五つ星のホテルに泊まれるなんて最高だ。

・まだ行ったことのない場所に行って、世界でいちばん好きな「書くこと」ができる。

また、本を書くと決めたときも、同じように二つの選択肢があった。

選択肢1：岩場を見る。

・最近では本を出せる人なんてほとんどいない。

・出版されるかどうかもわからないものに時間と労力をかけるなんて、無駄ではないのか。

選択肢2：砂浜を見る。

・自宅でパジャマを着たまま、自分のいちばん好きなことができるなんて最高じゃないか。

・私の言葉が人々の人生を変えることができたら、こんなにうれしいことはない。

あのサンタテレサのビーチと同じように、岩場も砂浜も同じ現実として存在している。

ここで肝心なのは、どちらの現実がより楽しいかということだ。

一日一四四〇分を、最悪のシナリオや起きてほしくないことばかりを考えて過ごすこともできる。

しかしあなたには、**起きてほしいことばかりを考えるという選択肢もある。完璧なパートナーが現れることや、夢の仕事に就くこと、本の出版契約を結ぶことだって、現実になるかもしれない。**

◤本当にあった話（パーティのケーキ）◣

幸せで、喜びの周波数に乗っているときは、宇宙のエネルギーがどんどん流れ込んでくる。でもほとんどの人は、それを信じていない。ただあきれたような顔をして、「そうね！　そんなに簡単にうまくいったら、さぞかし楽でしょうね！」と言うだけだ。**だからここで、もう一度言おう。本当に、そんなに簡単なことなのだ。**

私の主宰する「可能性クラブ」のメンバーで集まると、この話題だけで何時間でも盛り上がれる。宇宙は私たちのために動いている。そしてこのクラブの使命は、その証拠を探し、記録することだ。だからこそ、メンバーみんながこのクラブの活動が大好きなのだ。

ある週の集まりで、メンバーのニッキは、仕事を休んだ日に無料のピザが当たった話をしてくれた。

そして、メンバーの中でもロンダの体験は、人生を楽しむと、さらに楽しいことがやってくるという事実を見事に証明していた。

ロンダは、建築家の夫と一緒に、小さなカトリックの大学で行われた授賞式に出席した。夫がその大学でデザインの仕事をしたからだ。二人の後ろのテーブルには、八人ほどの尼さんが座っていた。ロンダが見たところ、みんな六〇歳から九〇歳ぐらいだった。

「授賞式にはたくさん出てきたけれど、たしかにどの授賞式でもみんな親切で礼儀正しいわね。でもあの授賞式は特別だった。賞の授与が終わってパーティが始まると、ＤＪが登場してダンスミュージックを流したの。びっくりしてあごが外れるかと思ったわ」

クール・アンド・ザ・ギャングの「セレブレーション」が流れると、年配の尼さんたちがみんな立ち上がり、ノリノリで踊り出した。

「尼さんたちは一度も座らなかった」と、ロンダは言う。「そして司会が舞台に上がって、アイルランド旅行に当選した人の名前を発表したの」

当選したのは、ノリノリで踊っていた尼さんの一人だった。

写真をシェア

楽しんでいるところを、自分で写真に撮る。

パーティゲーム 6

幸運を引き寄せる「磁石」になる

魔法を使うのに、ステッキも、不思議なシルクハットも必要ない。

イギリスのハートフォードシャー大学で心理学を教えるリチャード・ワイズマン教授は、何百人もの、自称「とてもツイている」人と、自称「とことんツイていない」人を八年かけて研究した結果、次の発見をした。自分は運がいいと思っている人は、実際に運に恵まれるという。

運に恵まれるのは、カルマのせいでもないし、神様のいたずらのせいでもない。自分で自分をどう思うかで決まっているのだ。

運気を上げる第一歩は、自分はツイていると信じることだ。ワイズマン教授が設立した「運の学校」では、生徒は「私はツイている」と公式に宣言することを求められる。だからあなたも、自分はツイていると認めることから始めよう。

今日という日は、これまでの人生で最高の日になるかもしれない。

◉手に入るもの（パーティのおみやげ）——幸運のやってくるパイプの通りがよくなる

あの有名なマーフィーの法則によると、「うまくいかない可能性のあるものは、すべてうまくいかない」という。

しかし、私は謹んで異議を唱えたい。

問題が問題でありつづけるのは、私たちがそれを「問題」だと思い込んでいるからだ。問題を解決しようともがくからこそ、かえって問題が解決できなくなっている。

不機嫌だったりして精神状態がよろしくないときは、幸運がやってこなくなる。なぜなら、それは自然な喜びの状態ではないからだ。自分がすでに自由で、無限の存在であるという真実を忘れてしまうのは、幸運が流れてくるパイプを、ごみでふさいでしまっているのと同じだ。

新しい先生を探したり、新しい本を読んだりするのではなく、ただ、うまくいっているものの存在に気づくようになれば、うまくいっているものだけが目に入るようになる。

◣本当にあった話（パーティのケーキ）◣

女優のメアリー・カーは、回想録の中で、皮肉屋のアルコール依存症だった自分が奇跡を信じるようになったいきさつを語っている。

最初のうち彼女は、治療会に参加しても、「祈りなさい」「助けを求めなさい」というアドバイスをまったく受け入れられなかった。

「悪いけど遠慮しておくわ。効果があるわけないじゃない」と、彼女は思っていた。

しかしついに、絶望のどん底に突き落とされた彼女は、たまらず祈りの言葉を口にした。

「今すぐ私を喜ばせてちょうだい。そうすれば存在を信じてあげてもいいわよ」

その後、新進作家を支援するホワイティング財団から電話が来て、彼女が申し込んでもいない三万五〇〇〇ドルの補助金が支給されると言われても、彼女はまだ奇跡を信じていなかった――お祈りを始めてから一週間もしないうちに電話が来たけれど、こんなのただの偶然に決まっている。そうでしょう?

しかし、「祝福」はそれからも続いた。そして感謝の気持ちを鍛えると、祝福が訪れるのも早くなる。彼女は回想録を書き上げて出版することができた。**その本は、丸一年もの間、「ニューヨーク・タイムズ」紙のベストセラーリストに載っていた。**

しかし、メアリー・カーが経験した奇跡で、私がいちばん好きなものは別にある。

メアリーは八〇歳になる母親を、自分が生まれ育った実家から外に連れ出した。

母親は銃を手放さないアルコール依存症で、その親としての能力の低さが、メアリーの人生に大きな影を落としてきた。

母親は荒れ放題の家から連れ出されると、さっそく文句を言いはじめた。二人は激しく言い争った。そしてメアリーは、すっかり絶望してカーペットに突っ伏してしまった。

その姿勢のままで祈りの言葉をくり返していると、ふと思い出した。

彼女はスピリチュアルの先生だったフランシスコ会の修道女から、聖書の中のとある言葉を読むように言われていた。しかし、母親の引っ越しであちこち飛び回っていたために、まだ読んでいなかったのだ。


段ボールに入れたままになっていた母親の本の中に、一冊の聖書があった。一九二七年に母親に贈られたと書いてある。

メアリーは聖書を手に取ると、読むように言われていた詩篇《しへん》の五一編七章から一二章までのページを開いた。すると、母親が何十年も前に引いた下線が目に入った。

不思議なこともあるものだ——と、メアリーは考えた。そもそも母親は、それほど信心深いわけではない。**しかしそれよりも、メアリーがいちばん驚いたのは、先生に読むように言われていたまさにその箇所に、母親も線を引いていたことだ。**

聖書の他のページを見てみたが、他に線が引いてあるところは見つからなかった。ただし、ヤコブの手紙のページを開くと、そこにはまたしても、同じ色で線が引いてあったのだ。

メアリーは言う。

「私に起こったのは、聖書に書いてあるほどの奇跡ではないし、死者が生き返ったわけでもない。それでも、私にとっては奇跡だったの」

彼女の母親が、まだ子供だった一九二〇年代あたりに、その小さな手で線を引いたのとまったく同じ文章を、七〇年後に娘のメアリーが読むように言われたのだ。これがただの偶然であるはずがない。

「人は誰でも、大切な人と特別なつながりを持って生まれてくるのでしょうね」と、メアリーは言う。

「私たちはみな、ときどき神秘の世界に入り、その瞬間に自分がこの世に存在する理由を悟るのです。すべての花びらに注がれている力が、自分の中にも流れていることを完璧に理解するのです。そしてその力は、私たちがすべての能力を発揮することだけを望んでいるのです」

写真をシェア

自分はツイているという証拠の写真を撮る。

パーティゲーム 7
宇宙にすべてを任せる

さあ、次のゲームに移ろう。

ここでは、たとえ何が起ころうとも、つねに宇宙に主導権を握らせる。

自分よりもはるかに大きな何かが存在することを認め、その存在につねに従う。**勝手に判断する前に、または何か行動する前に、必ず立ち止まって、無限の宇宙に向かって念を送る。自分の力でなんとかしようとするのではなく、すべて宇宙に任せる。**

特別にお願いする必要はない。ただ宇宙の好きなようにさせておけば、向こうから勝手に贈り物を届けてくれる。出会うべき人々、本、先生、経験を届け、あなたを真実に目覚めさせてくれる。人生の美しさ、偉大さを理解させてくれる。

◉手に入るもの（パーティのおみやげ）――怒濤のようなすばらしい出来事

本当の「自分」とのつながりを取り戻し、始まりも終わりもない存在になると、創造的

郵 便 は が き

料金受取人払郵便

新宿北局承認

9181

差出有効期間
2026年 1 月
31日まで
切手を貼らずに
お出しください。

169-8790

174

東京都新宿区
北新宿2-21-1
新宿フロントタワー29F

サンマーク出版愛読者係行

ご 住 所	〒 都道府県	
フリガナ		☎
お 名 前		(　　　)
電子メールアドレス		

ご記入されたご住所、お名前、メールアドレスなどは企画の参考、企画用アンケートの依頼、および商品情報の案内の目的にのみ使用するもので、他の目的では使用いたしません。
尚、下記をご希望の方には無料で郵送いたしますので、□欄に✓印を記入し投函して下さい。
□サンマーク出版発行図書目録

1 お買い求めいただいた本の名。

2 本書をお読みになった感想。

3 お買い求めになった書店名。

市・区・郡　　　　町・村　　　　書店

4 本書をお買い求めになった動機は？

・書店で見て　　・人にすすめられて
・新聞広告を見て（朝日・読売・毎日・日経・その他＝　　　）
・雑誌広告を見て（掲載誌＝　　　）
・その他（　　　）

ご購読ありがとうございます。今後の出版物の参考とさせていただきますので、上記のアンケートにお答えください。**抽選で毎月10名の方に図書カード（1000円分）をお送りします。** なお、ご記入いただいた個人情報以外のデータは編集資料の他、広告に使用させていただく場合がございます。

5 下記、ご記入お願いします。

ご職業	1 会社員（業種　　）2 自営業（業種　　） 3 公務員（職種　　）4 学生（中・高・高専・大・専門・院） 5 主婦　　6 その他（　　）		
性別	男・女	年齢	歳

な美や拡張する愛と一体になることができる。もう、ただの肉体にすぎない仮の自分を守るために、歯を食いしばってがんばる必要はない。

あなたは物理の法則にしばられた存在ではない。本当のあなたは純粋な光であり、それが一時的に肉体を持ち、いろいろな名前がついているだけだ。私自身も、たまたまパム・グラウトになっている光だ。

私たちは、この「一時的な自分」の姿しか見えていない。本当の自分を忘れてしまっている。自分が持っている大きな力に気づいていない。私たちがこの地球上に存在するのは、光と愛の王国を拡大するためなのに、そのことをすっかり忘れてしまっている。

肉体としての自分も、それほど悪いものではない。食事に行ったり、カメラに向かってポーズを取ったり、フェイスブックに投稿したりもできる。でも、本当の自分のことも忘れてはいけない。本当のあなたは神であり、ただ「あなた」という人間に仮装しているだけだ。

本当にあった話(パーティのケーキ)

先日、感謝の周波数に乗れず、この本の執筆も停滞していたとき、私はブログで読者に助けを求めることにした。求めていたのは、感謝が人生を変えたという本当の話だ。

宇宙は望みをすべてかなえてくれるので、ここでもダニエラという女性がある体験を話してくれた。

ダニエラは私と同じように、シングルマザーで起業家だ。そして私と違うのは、朝から晩まで働いていたこと。ダニエラはくたくたに疲れていたので、感謝の気持ちを忘れていた。するとエネルギーが下がり、よくない方向に進み出した。行き着く先は、家の中が荒れ果て、子供が叫び声を上げているような状況だ。

ありがたいことに、ダニエラはそうなる前に目を覚まし、一日だけ休みを取った。**そして自然の中を散歩し、自然の美しさを思いっきり吸い込んだ。それに加えて、人生で感謝していることをすべて書き出した。**

ダニエラは言う。「感謝のリストは何ページにもなりました。すると気分が高揚して、宇宙のエネルギーに身を任せることにしました」

引き寄せの経験者なら誰でも知っているが、この状態は、望みを現実化する絶好のチャンスだ。そこでダニエラは、宇宙に休暇をお願いすることにした。ただの休みではなく、仕事や家事から完全に解放される本物の休暇だ。そんな贅沢《ぜいたく》はもう何年もしていなかった。

でも、どうやって？　と、ダニエラは考えた。そんなお金はいったいどこにあるの？

しかし、感謝の周波数に乗っているときは、「どうやって」と考える必要はまったくない。ただ、何の心配もせずに、いつもの生活を送るだけでいい。

宇宙に願うときは、料理をじっくり煮込む鍋のスロークッカーを思い出そう。鍋に材料を入れて放っておけば、あら不思議！　おいしい料理ができちゃった！　というわけだ。

その日の終わりに、フランスに住む友達からメールが来た。何度かメールをやりとりしていると、相手が突然こんなことを言ってきた。「近いうちに休暇の予定はある？」

ダニエラは答えた。「八月の最初の週なら、娘が元夫のところに行くので休めるかも」

すると、すごい返事が届いた。**「その友達が自分のアパルトマンを使っていいって言ってくれたんです。飛行機代も、自分が貯《た》めたマイルを使っていいって。**申し訳なくて、最初は断ろうかと思いました」

しかし、ダニエラはすぐに正気を取り戻した。宇宙は自分の味方で、努力や苦しみは必要ないということを思い出した。そういうときは、ただ「ありがとう！」とだけ言えばいい。

写真をシェア

宇宙からの思いがけない贈り物の写真を撮る。

パーティゲーム 8
「サイテー」とハイタッチ！

あなたが「自分」だと思っている肉体と精神は、本当のあなたではない。「自分」は年を取るし、病気にもなる。この物質世界における仮の姿だ。ゲームをやるときに、勇者の役を選んだり、賢者の役を選んだりするのと同じように、この世界での自分の肉体を選んでいるだけだ。

このゲームでは、自分の偏見や思い込みの深さを自覚してもらうことになる。

あなたは本当の自分、「宇宙的な」自分とのつながりを取り戻す。何気ない日常の一コマを使って、無限の可能性を秘めた本当の自分に気づいてもらう。

わかっている。たしかに怪しげな話だ。でも、これは本当に簡単なことだ。**本当の自分を取り戻すときは、まず目に見えるものにとらわれるのをやめるところから始めよう。感覚を研ぎ澄ませ、五感でとらえる世界の外にある世界を感じ取る。**

すべての不快な出来事も、宇宙からの贈り物だと考えよう。あらゆるものに対して「ありがとう」と言う。**普段なら「サイテー」と思うものに対しては、特に心から感謝する。**なぜなら、サイテーな状況が現れるのは、サイテーな状況のすべてを抱きしめるチャンスだからだ。**愛することが、サイテーな状況で感謝の周波数に乗る唯一の方法だ。**

サイテーな状況にぶつかったとき、FP（宇宙と呼んでも、神様と呼んでもいい）はとても頼りになる存在だ。そんなときのための、祈りの言葉の例をあげよう。

> さて、FP。またこの状況です。いつものめんどくさい自分——じゃなくて、愛されることを切実に求めている私の美しい一部分が、また出てきてしまいました。今のところ、私は「ネガティブなパム」に支配されてしまっています。この長年の悪いクセを、できれば断ち切ってしまいたい。だからFP、あなたに「ありがとう」と言います。ネガティブな感情の陰に隠れているけれど、私の中にはたしかに輝く光がある。それに気づくチャンスを与えてくれてどうもありがとう。あとはあなたにお任せします。さあ、ハイタッチ。

あとはただ楽しんで、FPのお手並みを拝見しよう！

◉手に入るもの（パーティのおみやげ）――見えない世界を見る

ただ真実だけを見ることを希望し、喜び、豊かさ、平和だけを求めていると、それまで見えなかったものが見えるようになる。感謝の周波数（つまり奇跡が起こる周波数）で振動していると、あなたを通して表現されることを待っていたものがすべて現実になる。

あなたが意識を集中したものが、物質世界で現実になる。集中の対象が何であろうと、この法則は絶対だ。まだ目に見えないものに意識を集中するようにすれば、日常的に奇跡が起こるようになるだろう。

宇宙に向かってこう言ってみよう。

「私に美を見せてください。愛を見せてください。神を見せてください」

ただこの三つだけを願っていれば、その三つだけを見るようになる。

◤本当にあった話（パーティのケーキ）◢

何かを求めて戦うのをやめて、宇宙の導きに任せれば、すべてのことが可能になる。証拠が欲しければ、私の人生を見てもらいたい。

私はカンザス在住のシングルマザーで、世界中を旅して回るライターだ。ちょっとでも常識のある人だったら、私にこうアドバイスするだろう——まともな仕事に就きなさい。友人のキャロルも、キャリアの停滞期だった私に、「ボーダーズの店員になったらどう？　少なくとも本に囲まれていられるじゃない」と言った。

ちなみに私の知るかぎり、ボーダーズという大型書店チェーンはもう存在しない。そして私は、ありがたいことに生き残り、それなりにうまくやっている。

人生は戦いだという考えを捨て、頭の中の意地悪な声を信じるのをやめると、情熱が人生の保険になってくれる。前に母親が、「これからはプログラミングを覚えれば絶対に食いっぱぐれないわよ」と言っていたけれど、情熱があれば同じくらい食いっぱぐれない。

人は誰でも魔法が使える。自分の中に、流れ星が飛び交う宇宙がある。でも学校で教わることや、社会の常識で頭がいっぱいになり、宇宙はすみに追いやられてしまう。

人は、大胆な挑戦をする人種を恐れている。なぜなら、やりたくもないのに安定を選んでいる自分を恥ずかしいと思っているからだ。

写真をシェア

いつもなら「サイテー」と思うようなことの中に光を見つけ、それを写真に撮る。

パーティゲーム 9

未来宣言

ヒックス夫妻とエイブラハムが教える引き寄せの法則は、このゲームでやるようなことを「心の準備」と呼んでいる。今日という一日をどんな日にするか、世界に向けて宣言するということだ。

たとえば私は、毎朝「今日、何かとてつもなくすばらしいことが起こる」と宣言している。この宣言をきっかけに、希望通りの一日が現実になるのだ。観察することによって、一日の中身を変化させる。それが可能であることは、量子物理学ですでに証明されている。

私の場合、こまかいことはすべて宇宙に任せている。私なんかよりも、ずっとすごいことを思いついてくれるからだ。だから私の宇宙へのお願いは、基本的に、楽しいことと愛にあふれた一日になることだ。

でも、何か特別なことがある日、たとえばインタビューやミーティングがある日なら、もっと具体的にお願いする。

◉手に入るもの（パーティのおみやげ）――アップグレードされた贈り物

動画配信サービスのNetflixには、「あなたにおすすめの動画」というコーナーがある。ここに出てくるのは、あなたの視聴履歴をもとに選ばれた動画だ。前に見たものと似たようなジャンルが好きだろうと思われているということだ。

ネットショップのアマゾンにも同じような機能がある。購入履歴を参考に、似たジャンルのものをリストにしてくれるのだ。

宇宙の働きも、この「おすすめ機能」とまったく同じだ。あなたが発している周波数と同じような周波数を持つものを選び、「おすすめ」として届けてくれている。

宇宙からの贈り物はもちろん無料だ。それに、宇宙の好き嫌いで贈り物を選んだりもしない。ただ、あなたが過去に欲しがったものだけを基準に、それと同じジャンルのものを届けている。「あの人は育った環境や両親から間違った思い込みを植えつけられたようだから、こちらが毛色の違うものを選んであげよう」とは考えない。

宇宙は、あなたの注文履歴だけで判断する。あなたが発している周波数だけで判断するのだ。

だから、いつも「足りない」と思っている人、失敗しないかどうか心配ばかりしている

人は、不足や失敗ばかりを受け取ることになる。

でも、チャンネルを変えて、今までとは違うジャンルの映画、喜びを運んでくれるような映画を見るようにすると、アップグレードされた周波数にマッチした人やアイデア、出来事が送られてくるようになる。

本当にあった話（パーティのケーキ）

人気コメディドラマ「ザ・オフィス」のライアン役で有名なB・J・ノヴァクは、俳優の他にも、コメディアン、脚本家、監督、「ニューヨーク・タイムズ」紙のベストセラーリストに載った作家という顔も持つ。つまり、成功者ということだ。

クリエイティブな才能を持っている人は、たいてい親から「そんなバカな夢はあきらめて弁護士になりなさい」と言われた経験があるが、ノヴァクは子供のころから、芸術の道も現実的な職業選択の一つだと考えてきた。芸術一家に育ったからだ。父親は成功した作家で、兄は成功した作曲家だ。だからノヴァクも、作家を目指すのは現実離れしているなどと考えたことは一度もなかった。

ハーバードの学生時代から作品を発表し、卒業してからわずか数日でテレビドラマの脚本の仕事を手に入れた。それからコメディアンとしても舞台に立ち、あこがれのクエンティン・タランティーノ監督とも一緒に仕事をした。そしてついに、自身の代名詞ともなるようなライアン・ハワード役を射止めたのだ。

ここまで立派な経歴を見ると、きっと仕事ばかりの人生に違いないと思うかもしれない。しかし、本人によるとそうではないらしい。

彼の成功でもっとも大きなカギとなったのは、朝起きるとすぐに感謝の周波数に乗ることだという。それが、充実した一日の燃料になる。ノヴァクはそれを、「パワーアップの儀式」と呼んでいる。ワクワクするようなアイデアを探し、とにかく底抜けに楽しいことをするために全力を尽くす。

「創造のプロセスでいちばん大切なのは、いい気分でいることだ」と、ノヴァクは言う。

「たまにではなく、いつでもいい気分でいなければならないんだよ」

写真をシェア

朝の宣言をしている自分の写真を撮る。

パーティゲーム⑩

「お気に入りの木」を探せ

一六世紀のユダヤ神秘主義者イサク・ルリアによると、この地球上での私たちの役割は、聖なる火花を起こすことだという。もみ殻の下に隠れた光を引き出すのだ。

これを行う方法の一つは、自然界に感謝を捧《ささ》げることだ。

そこで、このゲームでは、あなたのお気に入りの木を一本選んで、その横に座ってもらう。そして、あなたが選んだ木の持つさまざまな色、細部の造形を観察し、自然の驚異に感動しよう。

自分の木をハグするのもいい。**マシュー・シルバーストーンが『科学に目がくらんで（Blinded by Science）』というすばらしい本の中で言っているように、木々と行動をともにすると、集中力が増し、頭痛がなくなり、ストレス軽減につながり、うつ病の改善にもつながるという。**

道《タオ》マスターのマンタク・チアもまた、木と一緒に瞑想するように教えている。木には、ネガティブなエネルギーを消す力があるからだ。タオイストの教えによると、木は長生きで、一つの場所から動かないために、エネルギーを変化させ、宇宙のパワーを吸収する力があるという。

◉手に入るもの（パーティのおみやげ）――長い目で見る

読者からこんなSOSが届くことがある。

「宇宙に四八時間の猶予を与えたのに、何も起こりません！」

そんなとき私は、こう質問したくなる。「その四八時間の間に外に出ましたか？　星空を見上げましたか？　セミの鳴き声を聞きましたか？　セミは一七年も土の中にいて、木の根っこを食べながら、外に出て思いっきり鳴ける日を待っていたんですよ？」

私もたまには意地悪な気分になり、文句の一つも言いたくなる。**テレビ番組は絶対に見逃さないくせに、外の世界の美しさは平気で見逃している人が、あまりにもたくさんいるからだ。**大金を払ってエコツアーに参加して、ウミガメを救うためにわざわざコスタリカまで行っているのに、自宅の裏庭に生えている植物の名前も知らない人だっている。

でも実際のところ、私も人のことは言えない。私もよく、自然の奏でる音楽を聴いていないことがあるからだ。窓をぴったり閉めて部屋にこもり、鳥やカエルの恋の歌を遮断してしまっている。

車を運転しているときは、キツネの親子連れが道路の横を歩いていても気づかない。自宅のフェンスの上をリスが走っているのにも気づかない。庭のコンポストの横でカマキリの卵がかえり、小さな幼虫が一斉にあふれ出すのにも気づいていない。そして毎朝私を起こすのは、キツツキが木をつつく音ではなく、スマートフォンのアラームだ。

そんな私でも、自然界の魔法に目を向けることもある。そんなときは、自分の家の裏庭で一時間ごとに新しい発見がある。

朝の太陽は毎日、その色を変える。宇宙に浮かぶこの星に、その日だけの景色を作り上げる。窓の外では鳥がさえずり、そのさえずりもまた、一度きりのシンフォニーだ。

私たちは毎日、かけがえのないものたちの横を通り過ぎている。心を開き、魔法に目をこらしていれば、その存在に気づいて思わずひれ伏してしまうだろう。秋になれば、木々が真っ赤に染まる。アリが長い行列を作り、道に落ちたパンを巣まで運んでいる。庭の植木鉢に、鳩《はと》が巣を作っている。

すべてがまるで、神の存在を吸い込んでいるかのようだ。

本当にあった話（パーティのケーキ　パート①）

バレリーナやファッションモデルになることを夢見る女の子もいる。でも、今の私がなりたいのはシンディ・ロスだ。

シンディと出会ったのは、二年前に旅行記の仕事で南アフリカに行ったときのことだ。シンディは冒険が大好きなパワフルな女性で、アメリカの三大トレイル（アパラチアン・トレイル、パシフィック・クレスト・トレイル、コンチネンタル・ディバイド・トレイル）をすべて踏破している。しかも、そのうち二つは幼児を二人連れていた。彼女と夫のトッドは、自分たちで自宅を建てた。自分たちで業者を雇ったという意味ではなく、本当に自分たちで大工仕事をして建てたのだ。自分たちで木を伐採し、裁断して、アパラチアン・トレイルに一軒のログハウスを完成させた。

シンディは自然の中で子育てをして、今はその経験を本に書いている。彼女は以前、私の本『こうして、思考は現実になる』を読み、四八時間以内に宇宙からの贈り物を受け取るという実験をしているときに、『わたしに会うまでの1600キロ』（静山社）の著者のシェリル・ストレイドから、シンディの本についてうれしいメッセージを受け取った。**そのとき宇宙は、自分の力を誇示したい気分だったようだ。なぜなら、ほぼ同じ時期に、ア**

ウトドア子育てのバイブルと呼ばれている『あなたの子どもには自然が足りない』（早川書房）を書いたリチャード・ルーブからもメッセージが届いたからだ。彼もまた、シンディの本に賛辞を寄せると約束してくれた。

ある夜、シンディは眠れなかった。息子のブライスがフィラデルフィアに引っ越し、車で新居のアパートに向かっているところだった。ハイウェイが工事中だったために、普段なら一時間半で行けるのに、その夜は四時間もかかっていた。息子から電話があり、今のところ何の問題もないと知らされても、シンディはまだ眠ることができなかった。

ずっと寝返りをうちながら、夜中の二時になっても眠れないことにイライラを募らせることもできただろう。しかしシンディは、そのとき「空にいる古い友人」の存在を思い出した。ちょうどその年いちばんの天体ショーが見られる夜だったのだ。彼女は暖かい服装に着替えると、流星群を見物するために外の果樹園に行った。

夜空を見上げると、天の川が広がっていた。カシオペア座とすばるも見える。両手を握り合わせて体を後ろにそらせると、三つの流れ星が夜空を横切った。

「あまりにも明るい流れ星があって、思わず声が出てしまったわ」と、シンディは言う。

「とても美しい眺めだった。大きな夜空の下で、私はたった一人で立っている。すべて私だけのためのショーだったのよ」

息子を心配する気持ちは、すべて土の中に吸い込まれて消えていった。

「大切なものに意識を集中することにしたの。それは美しさよ。世界の美しさを眺めていると、すべては大丈夫だと確信できる」と、彼女は言う。

家に戻って毛布を取ってきて、一晩中見ていようかと思ったが、彼女はだんだんと眠くなってきた。

「あと一つだけ……」

そしてついにログハウスに戻ろうとすると、最後の贈り物が届けられた。

ミミズクが大きな声で、「今晩、一緒にいてくれてありがとう」と鳴いたのだ。

本当にあった話（パーティのケーキ　パート②）

古い世界観によると、自然は征服し、利用する対象だ。

でも、ありがたいことに、人間が自然から離れるほど、自然は人間に近づくための努力をしてくれる。親の関心を引きたい二歳児のように、どんどん声が大きくなる。「じゃあ見せてあげるよ。自然と人間は一つなんだよ」

この三〇日間の実験で、あなたは必ず自然からの贈り物を受け取ることになる。私の予想では、あなたのところに届けられる自然からの贈り物は、鳥の姿をしているかもしれない。イルカには大きな癒やしの力があるとよく言われているけれど、私が思うに、どうやら鳥にも同じような力があるようだ。

世界がまだロウソクの火で照らされていた時代、ニコラ・テスラは電気を発明した。彼の発明は、今も世界を照らしている。そんなテスラは、よく鳩と見つめ合っていたという。

ギタリストのカルロス・サンタナは、一九七〇年代に、インド人導師のシュリ・チンモイに入門するかどうか真剣に悩んだ時期があった。チンモイの指導は厳しいことで有名だったからだ。アルコールとドラッグをやめることは問題なかったが、髪を切ってヒゲを剃《そ》るのは大いに問題だ。

「長髪は私の誇りであり、アイデンティティだ」と彼は言う。

後に妻となるデボラと話しているときに、サンタナはこんなことを言った。「変なことを言うと思われるかもしれないけれど、何かお告げのようなものが欲しいんだ」

その瞬間、部屋の中に鳥が飛び込んできた。そして部屋の中を一分ほど飛び回ると、また窓から外へ出て行った。

「信じられない。あれは現実なのか？」と彼は言った。

デボラはサンタナを見ると、「どうやら髪を切ることになりそうね」と言った。

この本の執筆中に、私はテスラとサンタナのエピソードを自分のブログに書き、鳥にまつわる不思議な体験を教えてほしいと読者にお願いした。

すると数時間のうちに、何十もの体験談が集まった。鳥にじっと見つめられた話や、鳥がメッセージを届けてくれた話だ。いくつか紹介しよう。

1、二人の子供を連れてビーチへ行きました。水を癒やす歌をうたい、水に祈りを捧げるためです。
祈りのときに、水に捧げるタバコを持ってくればよかったと考えていました。祈りが終わると、上の息子がカモメを追いかけているのが見えました。カモメはくちばしに何かをくわえています。私が近づくと、カモメはまっすぐ私に向かって飛んできました。そのとき、カモメはまっすぐ私の目を見ると、くわえていたものを私の目の前に落としました。**なんとそれは、袋に入った葉タバコだったのです。**しかも、私がいつもお祈りに使っている、ナチュラル・アメリカン・スピリットという銘柄のタバコだったのです！

2、『こうして、思考は現実になる』の実験をしたところ、贈り物が次から次へと届きました。いちばん思い出に残っているのは、カフェの外の席に座っているときに、一〇〇羽ぐらいの小さな鳥が飛んできたことです。鳥たちは一斉にやってくると、私のまわりに集まりました。まるでディズニー映画のようでした。鳥が来たのは私のテーブルだけです。**宇宙は私のことを気にかけてくれている、私は宇宙に愛されていると、心から実感できた瞬間でした。**

3、ある日私は、宇宙に「もっとわかりやすいサインを送ってください」とお願いしました。「もしサインが鳥なら、珍しい鳥にしてくださいね。スズメを見るたびに『これはもしかして宇宙からのサインなの？』と考えるのは、もううんざりなんです」。そう宇宙に伝えた後、そのことはすっかり忘れていました。

翌日、机に向かって日記を書いているときに、目の前の茂みに見たこともない鳥が飛んできたんです。美しい黄色の鳥でした。その鳥は、私がメッセージをきちんと受け取るまで、ずっと茂みにとまっていました。でも写真を撮る前に飛んでいってしまったけれど。

宇宙にわかりやすいサインを送ってくれたお礼を伝え、家の中に入りました。するとその瞬間、インターネットラジオから曲が流れてきました。私の場合、インターネットラジオで宇宙からのメッセージを受け取ることがよくあります。**そのとき流れてきた曲は、ビートルズの「ブラックバード」だったのです！**

4、最近、どこに行っても鳥の姿を目にします。以前の私は奇跡や不思議な出来事をまったく信じていませんでしたが、今は考えを変えました。世界には、人間に理解できないことがたくさんあると認めています。そして鳥は、間違いなく不思議な魔法の一部です。

私がいちばん気に入っている不思議な物語は、起こってからまだ一年もたっていません。弟のティムは、八年ほど前に奥さんをガンで亡くし、なかなか立ち直れずに苦しんでいました。でも去年、ついに前を向く決心をして、前から欲しかったボートを買うことにしたのです。

ボートを所有して水の上で暮らすことは、弟の結婚する前からの夢でした。インターネットで探したところ、私が住むワシントン州ベリングハムでよさそうなものが見つかったので、弟がうちに来ることになりました。

それは完璧なボートでした。本当に弟の理想通りだったのです。暮らすのにぴったりの

造りで、値段も予算ぴったりでした。弟はボーイングに勤めていて、仕事は新しい機体のテスト飛行です。そしてそのボートは、「アイランド・パイロット号」という名前でした。持ち主が元空軍パイロットだったのです。

すべてのパイロットがそうであるように（特に私たちの父がそうでした）、この元空軍パイロットもボートを完璧な状態に保っていました。すべての記録をつけ、必要なチェック項目をすべて書き出していました。父と弟もまったく同じタイプです。持ち主は親切で、正直でした。弟はまるで、父からボートを買っているような気持ちになったそうです。

私はすっかりその気になっていましたが、弟はまだ決心していないようでした。大きな買い物なので、それも仕方ありません。

ボートを見たすぐ後に、弟と私は波止場の近くでランチにしました。注文した料理が来るのを待つ間、ティムはスマートフォンを取りだすと、「ボートで暮らすことのいいところと悪いところ」というページを読みはじめました。いいところは、夕陽《ゆうひ》、自由、シンプルライフ、など。そして悪いところの一つは、洗濯機がないこと。これはたしかに大変そうです。他には、カモメも悪いところに入っていました。フンの掃除が大変だからです。ティムがその箇所を読み上げると、私は大きな声で反論しました。「なんでカモメが悪いの？　私は大好きよ！」

ウソみたいな話ですけど、私がそう言ったまさにその瞬間に、頭の上にカモメのフンが落ちてきたのです。あれはカモメにしかできない愛情表現でした。

私は信じられないほど幸せで、お腹《なか》の底から大笑いしました。弟に自分のｉＰｈｏｎｅをわたして、頭にカモメのフンをつけた自分の写真を撮ってもらったほどです。

ボート暮らしの人から後で聞いた話では、カモメのフンの直撃を受けるのは、実際に幸運のしるしらしいです。

それはともかく、カモメからのメッセージを受け取った弟は、あのボートを買い、しばらくしてから新しいガールフレンドもできました。そして二人は、あのアイランド・パイロット号でずっと幸せに暮らしています。

写真をシェア

自分の木の写真を撮る。

パーティゲーム⓫

ストップ！「かわいそうな私」

ここで仮に、何か「悪い」ことが起こったとしよう。

「悪い」とわざわざカギカッコをつけたのは、善悪の判断は本来私たちの役目ではないからだ。すべては本来ニュートラルであり、私たちが「悪い」と考えるから悪く見えているにすぎない。

ここでは話をわかりやすくするために、社会的に「悪い」とされている人生の出来事について考えてみよう。たとえば、ガンと診断されるとか、失業するといったことだ。

悪いとされていることが起こったら、普通はまずパニックを起こす。動揺して友達に電話をしたり、最悪のシナリオを思い描いたりする。「かわいそうな私」エンジンに火がついて、妄想が止まらなくなっている状態だ。

そんなとき、このゲームの出番になる。**今度「悪い」とされていることが起こったら、まず一時停止のボタンを押そう。何の反応もせず、三日間放っておく。または、三時間で**

もいい。三日間が過ぎたら、好きなだけ「かわいそうな私」になってかまわない。泣き叫んでもいいし、最悪の事態を妄想するのもいいだろう。

それまでは、与えられた七二時間を使って、その事態のいい面を五つ考える。たとえば失業したのなら、そもそも好きではなかった仕事から解放されたのはいいことだ。それに、もっと家の近くで新しい仕事が見つかるかもしれないし、もっと給料のいい仕事が見つかるかもしれないし、もっと自分の才能が生かせる仕事が見つかるかもしれない。

もちろん、絶対にそうなると保証はできないけれど、でも可能性はたしかにある。**そして、物事のいい面を考えれば、宇宙のエネルギーとつながることができる。**パニックを起こして最悪のシナリオばかりを妄想するよりもずっといい。

友人で作家のアニータ・ムアジャーニは、ガンで死にかけたことが自分の人生で最高の出来事だったといつも言っている。彼女の体内にできた巨大な腫瘍は、恐怖は作りものであることを示す生きた証拠だ。

その腫瘍が教えてくれたことは二つある。一つは、彼女は自分で思っているよりもずっと大きな存在であるということ。そしてもう一つは、宇宙に任せておけばすべてうまくいくということだ。宇宙に任せたのはたしかに正解だったようで、その後、映画監督のリドリー・スコットが、彼女の本の映画化権を買ったという。

◉手に入るもの（パーティのおみやげ）——客観的に眺める

「そんなの無理に決まっている」と、責められることがある。「いつでも感謝の気持ちでいるなんて不可能だ。生きていれば必ずサイテーな目にあうのだから」

たしかに彼らの言う通りだ。

とはいえ、人生の九九・九パーセントで、物事は完璧な秩序に従って動いている。その九九・九パーセントの中には、「サイテーな目」にあっているとされる時期も含まれる。

たとえば、今この瞬間、私がこの地球上にとどまり、宇宙に飛び出さずにいるのは、私の肉体が二・五トンの大気圧を放出しているからだ。これが奇跡でなくて何であろう。私の人生の九九・九パーセントは、まさに奇跡そのものだ。

人生は苦行だなどと言う人は、とんだ勘違いをしている。

わかりやすく説明するために、人生の「サイテーなこと」と「奇跡」を並べてみよう。

［サイテーなこと］

1、仕事に着ていこうと思っていたスカートが洗濯カゴの中でしわくちゃになっている。
2、運転中に携帯電話で話すバカばかりが目につく。
3、上司が自分を理解してくれない。

［奇跡］

1、あなたは星の成分でできている。
2、空から無料の水が降ってくる。
3、自分の住んでいる星に、生きるのにちょうどいいだけの酸素があり……
4、……ちょうどいい割合で……
5、……必要な気体が存在する。
6、あなたの体のすべての細胞には数千ものミトコンドリアがあり、ミトコンドリアが作るエネルギーのおかげで生きている。

他にもまだまだたくさんある。
もちろん、現実から目を背け、夢の世界で生きればいいと言っているのではない。とはいいえ、うまくいっていない〇・一パーセントばかりに注目するのも、やはり間違っている。**しわくちゃのスカートや理解のない上司にカリカリしても仕方がない。そんなことよりも、世界の奇跡のほうに注目しよう。**

たとえば、あなたの体にある六〇兆個の細胞は、すべてたった一つの細胞が分裂してできている。そして毎日、何百万もの新しい細胞が生まれ、古い細胞と入れ替わっている。ついでに言うなら、すべて細胞が勝手にやっていることであり、あなたがすることは特にない。

今この瞬間も、たくさんの物事が正しく動いている。だから、ネクタイにピーナッツバターの染みがついたとしても、七歳の子供が朝なかなか起きてこなくても、そんなに絶望しなくていい。人生の大部分は、極めて順調なのだから。

ここで私からの提案だ。人生の円グラフも同じ割合にしたらどうだろう？　**一日は一四四〇分あり、その〇・一パーセントを「サイテーなこと」の処理にあて、残りの九九・九パーセントを「いいこと」をお祝いするために使う。**そして、人生のいい面に注目するようになると、残りの〇・一パーセントは、遠い過去の記憶になるだろう。

本当にあった話（パーティのケーキ）

シングルマザーとして苦労してきた私は、権威に対して反感を持っていた。体制側の悪事が暴かれるような出来事を目撃するとうれしくなり、いつか世の中をひっくり返してやろうと虎視眈々《こしたんたん》と狙っていた。今でもその気持ちはいくらか残っていて、権威は信用できないとか、政府は一般市民をだまして搾取してばかりいると考えることもある。

『こうして、思考は現実になる』が大ベストセラーになると、体制に反旗を翻す戦うシングルマザーの時代は終わりを告げた。今の私にはたくさんの財産がある。じつは昔からそうだったけれど、自分では気づいていなかったのだ。誰でも生まれながらにたくさんの財産を持っている。**でも昔の私は、見えない敵と戦うのに忙しくて、財産を自分からブロックしてしまっていた。**

だから先日、アナーキスト時代に信じていたことが現実化したとき、私は思わず笑ってしまったのだ。

何が起こったか説明しよう。

いつもお願いしている税理士が言うには、ＳＥＰというもの（何だかよくわからないけれど)を開けば、税金の一部の支払いを遅らせることができるらしい。そのためには、銀行に電話をして、口座から一定の額を投資会社に送金するように設定する必要があるとい
う（投資会社はアナーキスト時代の敵の一つだ）。

そこで何も考えず、ただ言われた通り銀行に電話すると、それはできないと言われてしまった。税理士の話では、手続きは全部終わっていて、後は私が電話するだけだったはずなのに。結局、期限の四月一五日までに小切手の現物を送ることになってしまった。別に大きな問題ではない。ただ少し面倒なだけだ。そう私は思っていた。

しかし、翌日に着くように配送の手配をしたのに、小切手は着かなかった。その次の日もまだ着かなかった。そこで仕方がないので、税理士は速達指定にして、小切手をもう一度かつての敵（つまり投資会社）に送った。前に送った分（少ない額ではない）が届いたら、それは送り返してもらうことにした。

六月になり、ニューヨークのラガーディア空港に向かってハイウェイを走っていると、銀行から電話があった。口座の残高が足りないので、小切手が現金化できないという。

でもそんなことを言われても、最近そこまで高額の小切手を書いた覚えはない。

どうやら真相は、例の投資会社が、後から届いた私の小切手を返送するのではなく、現

金化してしまったらしい。つまり私は、ＳＥＰに二倍の額を入金したということだ。

銀行はすぐに問題を解決してくれた。税理士もかなり恐縮していた。例の投資会社にいたっては、社員がわざわざ直接お詫《わ》びに来てくれた。

それでも税理士は納得できないようだった。「まったく理解できないわ。信用できる投資会社なんだから、こんなことが起こるわけないのに」

私はただにっこり笑うと、全部この私が起こしたことだと説明した。**昔の「体制は敵だ」モードがわずかでも残っていたために、それが現実化してしまったのだ。**

自分の意図と現実はまったく違うというのなら、それは無意識の中にある隠れた意図が現実化しているからだ。つまり、あなたの周波数には、まだ雑音があるということだ。

写真をシェア

有名映画監督が次に買いそうな、あなたの物語の写真を撮る。

パーティゲーム⓬

シャーロック・ホームズになれ！

たいていの人は、思考は自分がコントロールしているのではなく、いつのまにか浮かんでくると思っている。思考も、自分が放出するエネルギーや周波数も、自分にはコントロールできないと信じている。

このゲームの目的は、そんな「社会通念」を打ち破ることだ。

感謝の周波数に乗るためには、自分が今いったいどんな気分でいるのか、思考をきちんと自覚することが大切だ。しかも、今回のゲームはそれだけではない。自覚するだけでなく、シャーロック・ホームズになったつもりで思考を捜査し、自分のためになる思考と、すぐに追っ払ったほうがいい思考に正しく分類していこう。

このゲームを行えば、思考や感情の果たす役割がはっきりと理解できるようになる。

方法を説明しよう。

1、次に紹介する二つの物語を読む。どちらも本当に起こった話だ。そして、読み終わったときの自分の感情に、一点から一〇点の点数をつける。

「すごく興奮してきた！　もうじっと座ってなんていられない！」と感じたら一〇点、「べつにワクワクしないかな」と思ったら一点だ。

物語A

水曜日の朝、フットボール競技場近くのホテルで、警察官と強盗容疑者の銃撃戦が起き、警察官が容疑者を射殺した。

ジョディ・クロッカー警部は、「容疑者の男は、警察の命令を無視し、銃を持って車の運転席から降りてきた。男がホテルに入ろうとしたところで、銃撃戦が始まった」と説明した。「容疑者は死亡。警察に怪我人《けがにん》は出なかった」

この物語は、新聞記事をそのまま引用した。たいていの人は、これを読んでも感情のメーターはほとんど動かないのではないだろうか。「よくある話だな」でおしまいだ。私なら一点か二点をつける。

物語B

ニューヨークを訪れていた観光客のジーンが、見知らぬ若い男に銃で脅され、狭い路地に連れ込まれた。

ジーンは自分のバッグを差し出すと、こう言った。「さあ、どうぞ。あげるので、持っていってください。お金が必要なんですよね。でも、私はあなたを愛しています。宇宙もあなたを愛しています。本当のあなたは、こんなことをするような人ではありません」

二人はお互いの目をじっと見た。そして彼は、まるでおびえたウサギのように走り去った。

その数時間後、ジーンのところに警察から電話があった。**なんと、あの若い男性が警察に自首してきて、ジーンのバッグを返したというのだ。**

しかも、話はこれだけでは終わらない。男性は、バッグに入っていたジーンの免許証の住所をメモしておき、後で彼女の家を訪ねてきた。謝罪と感謝の気持ちを伝えるためだ。

あのとき、まったく怖がっていないジーンを見て、彼の中で何かが根本的に変化したのだという。**つまり、ジーンは、愛の力で犯罪者を更生させたということだ。**

さあ、どうだろうか？

あなたがどう思うかはわからないけれど、私はこの物語を読むとうれしくなる。なぜなら希望を与えてくれるからだ。私たちはみんなつながっている、一人の人間にも変化を起こす力があるということを、再確認させてくれる。私なら、この物語は一〇点だ。

ジーンはこのとき、宇宙とつながる周波数を開いていた。その瞬間に、本当の自分の姿がはっきり見えた。本当の彼女とは、愛と光だ。だから、本当の意味で危険にさらされることは絶対にない。それに、この銃を持っている若い男性も、彼女の敵ではない。ジーンはそのとき、**「誰かを傷つけるのは、自分が傷ついている人だけだ」**という深い真実を理解していた。

もし自分が彼だったら、もし自分も彼と同じ人生を歩んでいたら、きっと自分も同じことをしていただろう。ジーンはそう思っていた。

人と人とのつながりはこうやって作られる。私はあなただ。あなたは私だ。

それでは、次の質問に移ろう。

2、次の二つの物語はどちらも実話であり、シリアの難民危機が題材になっている。これ

らの物語も、読んだ後の自分の気分を捜査して、一点から一〇点で点数をつけよう。

物語A

ＡＢＣニュースの番組に出ていた共和党のある大統領候補は、アメリカにあるすべてのモスクを捜査することと、シリア難民のデータベースを作成することを提案していた。「難民がどんな人たちかは誰にもわからない」と大統領候補は言った。「シリア難民が大挙してこの国に押し寄せてきたら、その中にＩＳの人間がいるかもしれない。トロイの木馬を送り込まれるかもしれない。彼らの素性をチェックするデータベースは絶対に必要だ。要注意人物をリストにしなければならない」

この候補はまた、ヨーロッパに流入しているシリア難民の大部分は女性と子供であるというデータも信用していないという。

「移民局で列を作っている人たちを見ると、屈強な男性がたくさんいる。彼らは男性だ。女性の姿はほとんど見えない。子供の姿もほとんど見えない。これを見ると、統計が操作されているとしか思えないだろう」

私なら、この物語は一点だ。なぜなら、読んだ後で悲しい気分になるからだ。この物語は、私と彼の間に溝を作る。本当は彼のことを愛したいのに。

物語B

カリフォルニアに住む母親のクリスタル・ロゴテティスは、ギリシャにやってくるシリア難民のニュースを見ているときに、あることに気がついた。それは、まだ歩けないような子供を抱えた若い母親や父親がたくさんいるということだ。

そして、溺死してトルコの海岸に打ち上げられたシリア人の子供の写真が世界中で話題になると、クリスタルは、「これがうちの息子だったらと思うといたたまれない」と胸を痛めた。

しかし彼女は、ただ胸を痛めていただけではなく、行動を起こした。抱っこひもを集めてシリア難民に送るという運動を始めたのだ。

運動のためにフェイスブックのページを作り、「Carry The Future（未来を運ぶ）」という名前をつけた。何千もの人々が運動を応援してくれた。応援のメッセージをつけて、使わなくなった抱っこひもを寄付してくれた。

クリスタルは、期待以上にたくさん集まった抱っこひもを携えて、他の一〇人の母親と一緒にギリシャに向かった。そして小さな子供を連れたシリア難民たちに、抱っこひもをわたして、使い方を指導した。

クリスタルは言う。「この運動をしていちばんよかったと思うのは、世界はあなたたちを気にかけていると、難民たちに伝えられたことです」

「思いやりのない人なんていません。ただ、思いやりを行動に移すチャンスが見つからないだけなんです。どんなに小さなことでもいいので、すべての人が何かの行動を起こせば、この世界をもっといい場所に変えることができるでしょう」


さて、これらの二つの物語のうち、読んでいい気分になったのはどちらだろう？

それぞれの物語を読み、自分の気持ちの変化に注目しよう。

どんな物語を選んで読むのか、そしてどんな気分になり、人生をどんな気分で過ごすか。すべてあなた自身が決めることだ。

◉手に入るもの（パーティのおみやげ）——心のブレーキをはずす

私が子供のころ、おもちゃメーカーのマテルから、ゴム製のフィギュアを作るおもちゃが発売された。型に流し込んだ液体のゴムを高温で焼くと、クモやダニ、カブトムシ、ゴキブリ、ヒキガエル、ヘビ、それに小型のタコができあがる。

私たちの思考もそれと同じだ。宇宙の豊かさを型に流し込んで、物質を作っている。思考の本来の働きは、何かを発明することだ。今この瞬間も、たとえ自分では気づいていなくても、あなたは思考の電波を使って何かを創造している。

感謝の周波数に乗っていない状態で宇宙に何かを願うのは、ブレーキとアクセルを同時に踏むようなものだ。

もっと愛がたくさんある人生を願ったとしても、心の奥底で「自分なんか愛されなくて当然だ」と信じていたら、愛されない現実を引き寄せてしまう。**どんなに前向きなアファメーションをしても、潜在意識が信じていることのほうが勝つからだ。**

感謝の周波数で生きていると、知らないうちに、願ってもいないことを引き寄せてしまうことがなくなる。「純粋な愛」というゴムの液体を使って、自分で意図した通りの人生を発明することができる。

本当にあった話（パーティのケーキ）

世界は思考が作り出していることを忘れないようにするために、私がよく使う魔法の言葉がある。目で見えている世界は自分の思考の産物にすぎないということ、いつでも自分の思考を変えて、世界を変えることができるということを、忘れないための言葉だ。

私にその言葉を教えてくれたのは、ロッテルダムに行ったときに知り合った二九歳のオランダ人だ。彼女の名前はナターシャ・フロワインといって、スクーター事故で瀕死《ひんし》の重傷を負ったことがある。五年もの間、ナターシャはずっと寝たきりで、ひどい痛みに苦しんでいた。

どの医者も、「運がよければ回復するが、それでも一生車椅子の生活になる」と言っていた。彼女は絶望し、いっそのこと痛み止めのモルヒネを大量に打って、もう人生を終わりにしてしまいたいという考えが頭をよぎった。

しかし、そこでナターシャは考えを変えた。**自分で自分を治療することにしたのだ。家族のためでも、夫のためでもなく、自分自身のためだ。**

「傷を治すだけでなく、最高の人生を送ってやろうって決めたの」と、ナターシャは私に話してくれた。

彼女は、もう一つの次元にいるおじいさんたちにお願いした。宇宙に向かって「あなたが私の願いをかなえてくれるという証拠を見せて」と言った。

その日、ナターシャがたまたまテレビを見ていると、ルイーズ・ヘイが出演して自分のガンを治した体験を話していた。ルイーズ・ヘイのことは知らなかったが、ナターシャにとっては紛れもない導きの声だった。

その同じ週に、ある女性がナターシャを訪ね、ルイーズのセミナーに誘った。期間は八週間で、「自分の人生を癒やす」というタイトルがついている。その瞬間から、ナターシャは望んだものがほぼすべて引き寄せられるようになった。彼女にとって、これはゲームと同じだった。

現在、ナターシャは完全な健康体だ。パートタイムで看護師の仕事をしながら、別の次元にいる人たちと会話をする霊媒師としても働いている。

ナターシャはとても美しく、すばらしい女性だ。彼女と知り合えたことをうれしく思っている。

ナターシャと話しながら、私は「こんなにすごい話は、絶対に本にしないと」と考えていた。そして本を書くことをすすめると、彼女はすでに書きはじめていた。それから五分もしないうちに出版社の人がやってきて、原稿を見たいと言ってきた。ナターシャはたしかに出版社に話を持ち込んだけれど、こんなに早く実現するなんて驚きだ。本を出したい人はたくさんいるけれど、たいてい出版社をふり向かせるのに何年もかかっている。しかし、ナターシャが何かを望めば、それは実現したも同然なのだ。

ここまで読んだあなたは、きっとこう思っているだろう。

「それで、魔法の言葉はいつ出てくるの？」

ここで大切なのは、簡単な言葉だからといって軽く見てはいけないということ。**そう、その魔法の言葉とは、「大丈夫《イッツ・オーケー》」だ。**

たとえ何があっても、あなたは大丈夫。いつでもそれを忘れないようにしよう。どんな気持ちになっても、あなたは大丈夫。何を考えても、あなたは大丈夫。たいていの人は、人生を「大丈夫」と思わずに、恐怖にかられてパニックを起こしている。何かを変えなければと焦り、くたくたに疲れている。

愛にあふれた宇宙のエネルギーにゆだねれば、あなたの人生はすべて大丈夫だ。自分の

ちっぽけな脳みそで、宇宙の仕事のじゃまをしてはいけない。そんなことをすると、「大変！　こんなふうに感じちゃいけない！　今すぐにやめないと！　大変だ、大変だ。友達に電話して相談しようかしら。それともサポートグループに参加する？　ブログを始める？」と、脳みそが勝手に慌てふためく。するとエネルギーに雑音が入り、癒やしの流れをブロックしてしまうのだ。

人間の思考は電気を発している。思考が「大丈夫じゃない」モードに入ると電気が乱れ、癒やしの力が遮断されてしまう。

「大丈夫」という言葉には、愛のエネルギーがある。だから、人生で何が起ころうとも、ただ「大丈夫」と言ってみよう。後の大変な仕事は、すべて宇宙の愛のエネルギーがやってくれる。

写真をシェア

あなたはどんなニュースを自分の脳に送り込むだろう？　そのニュースの写真を撮る。

パーティゲーム13

魔法の「真逆言葉」を言う

子供のころ、真実とは逆のことを言うゲームをやったことがあるだろうか？ たとえば、「この氷は熱い」と言ったり、「ミーガン・フォックスはブスだ」と言ったりするのだ。または、「あなたのことは好きじゃありません」でもいい（ちなみに、これはもちろん「あなたのことを愛しています」という意味だ）。

このゲームは、意地悪な人や、ネガティブなことばかり言う人を題材にすると、魔法のような力を発揮する。 彼らはただ、昔からの思い込みに支配されているだけで、本当は私の愛を求めているのだ。彼らの言葉を真に受けてはいけない。イヤな人たちのことを「大好きだ！」と言うと、すべての人が愛し合っているという事実を思い出すことができる。

友人のダイアンは、国税局を相手にこのゲームをやってみた。税務査察を受けることになったときに、恐怖と嫌悪感を抱くのではなく、担当の査察官を熱狂的に迎え入れることにしたのだ。

「査察官と会うのが楽しみでたまらなかったの」と、ダイアンは言う。査察官のことを、数十年ぶりに会う親友だと思うことにしたそうだ。

査察官も最初はぎょっとしたが、すぐに心を開いた。ミーティングがとても楽しい雰囲気になったという。

ブロンクスでソーシャルワーカーとして働くフリオ・ディアスも、このゲームを活用した一人だ。彼はある日、一〇代の少年にナイフを突きつけられた。彼は少年に財布をわたし、少年が逃げると、後ろから声をかけた。**「待って！　外は寒いよ！　もし一晩中強盗をするつもりなら、私のコートも持っていきなさい」**

これで少年はすっかりペースが狂ってしまった。ディアスは続けた。

「たった数ドルのために自由を失ってもかまわないというのなら、きっと本当にお金が必要なんだろう。今から夕食に行くところだったのだが、よかったら君も一緒に来ないか？」

マハトマ・ガンジーは、南アフリカで弁護士をしていた時代に、サンダルの作り方を習うと、ヤン・スマッツ将軍のために一足作ってプレゼントした。スマッツ将軍はガンジーを投獄した人物だ。理由を尋ねられると、ガンジーはこう答えた。**「彼もまた、私と同じように体制の囚人だったからです」**

たしかに一つひとつは小さな行動かもしれないが、それでも世界を変える力を秘めている。彼らの行動が反響板となってポジティブなエネルギーが世界に広がり、世界が今よりも少しだけやさしくて、安全で、美しい場所になる。

◉手に入るもの（パーティのおみやげ）――豊かさへの入り口

感謝の周波数に乗ると、自分の人生にさまざまなすごいものを引き寄せることができる。**感謝の気持ちでいる人は、まるで磁石のような存在だ。磁石が砂鉄を集めるように、欲しいものがあなたのまわりに集まってくる。**

反対に、文句ばかり言っているときは、いいものを遠ざけてしまう。

気に入らない状況の中に、どんなに小さくてもいいので、何か一つでも感謝できることが見つかれば、それをスーパーサイズの現実にすることができる。レタスの種と同じだ。最初は小さいけれど、やがて栄養たっぷりの大きな葉っぱのボールに成長する。

感謝の気持ちには、何かを起こす力がある。感謝は種だ。

ただし言うまでもないことだが、感謝が本来の力を発揮するには、今までの考え方を捨てなければならない。夢をかなえるのは大変で、時間と努力が必要だという古い考え方だ。あなたはすでに、宇宙にあるすべてのものとつながっている。欲しいものはすべて、自分の力で創造している。すでに現実となって、あなたの目の前に存在している。ただ見かけの姿に惑わされ、真実が見えていないだけだ。

純度一〇〇パーセントの周波数を出している感謝ジャンキーたちは、ただ指をパチンと鳴らすだけで、どんなものでも現実世界に出現させることができる。たとえばイエスは、五つのパンと二匹の魚を、数千人のパーティが開けるくらいの量になるまで、あっという間に増やしてしまった。

サティヤ・サイババは南インドの聖人で、何もない空気中から、ペンダントや指輪などのジュエリーを出現させることができた。

……いや、あなたが考えていることはわかる。でも、まさにそういう思考が、エネルギーの雑音を作っているのだ。**あなたが不可能だと思い込んでいるものは、あなたの人生では絶対に実現しない。**

心理学者で、アイスランド大学名誉教授のエルレンドゥール・ハラルドソンも私と同じ意見だ。ハラルドソンは高名な学者で、一流の専門誌にたくさん論文を発表している。そんな立派な教授が、一〇年にわたってサイババを研究し、研究の内容を『サイ・ババの奇蹟』（技術出版）という本にまとめた。ハラルドソン自身も、集団催眠か、または何かのトリックの可能性がないと証明することはできないと認めているが、それでも自分の目でサイババの奇跡を実際に目撃している。

あるとき、サイババは、日常生活と精神生活の関係についてハラルドソンに説明した。日常生活と精神生活は、「二つのルドラクシャのように、ともに成長しなければならない」という。ハラルドソンはルドラクシャという言葉を知らなかったので、それは何かと尋ねた。サイババも通訳もいい英語が見つからなかったので、サイババはこぶしを握ると、その手を振り、手を開いた。すると彼の手の中から、二つのドングリがくっついたような形をしたルドラクシャ（菩提樹《ぼだいじゅ》の実）が現れた。

サイババは「あなたにあげたいものがある」と言うと、その実を握り、握った手に息を吹きかけた。すると二つの実は金で覆われ、ルビーでできた十字架と金の鎖がついたネックレスになっていた。ハラルドソンも後で知ったのだが、あのように二つくっついた菩提樹の実はめったに見られないという。しかもそれだけでなく、サイババにもらったネックレスをロンドンの宝石商に見せたところ、たしかに22Kの金だという答えが返ってきた。

こんな魔法を見せられると、自分が信じている世界観が根底からゆるがされる。でもインドでは、これはそれほど珍しいことではないらしい。サイババは、金などの高価な宝石をよく出現させていた。他にも、果物、香油、それにヒンドゥー教の神のクリシュナの形に彫られた米粒も出現させたことがある。

ハラルドソンは、こういった現象が偽物であるという証拠を見つけることはできなかった。むしろ、「人間の中には巨大な可能性が眠っている」と認めている。

そこで、あなたに質問だ。**あなたは、今すぐに自分の夢を現実化したいだろうか？　それとも、夢の実現には時間がかかるという価値観を、これからも信じつづけるだろうか？**

本当にあった話（パーティのケーキ）

『こうして、思考は現実になる』の読者のローランドが、私のブログに自分の体験談を投稿してくれた。

ある日私は、友人と電話で話しながら、ヨットの雑誌をぱらぱらとめくっていました。友人は私が電話に集中していないのを感じ取って、何をしているのかと尋ねてきました。私はヨットの写真を見ていたことを話し、「一二メートルのカタリナを買って、サンフランシスコの海を自由にセーリングしたいものだ」と言いました。

その数分後、私は雑誌で欲しかったカタリナを見つけると、友人に少し待ってもらい、くわしい説明を読みました。まさに私が探していたヨットです。どうやらその船のオーナーは、一〇メートルのカタリナと交換したいらしい。一〇メートルのカタリナは、ちょうどそのとき私が持っていたヨットでした。

私は友人との電話を切ると、雑誌に書かれた番号に電話をしました。ソルトレイクシティの番号です。留守番電話になっていたので、メッセージを残しました。その三〇分後、ソルトレイクシティの番号から着信があったことに気づき、その番号にかけました。

「デンバーの市外局番のようですが、デンバーにお住まいですか?」

「そうです。あなたはソルトレイクシティ?」

「そうですが、今は仕事でデンバーにいます」

船を見たいと言われたのですが、そのときは、八〇キロほど北にあるエステス・パークに保管していました。すると電話の相手は、「私も北のほうにいます。エステス・パークは近くですよ」と言いました。……そんなことがありうるのだろうか？　あまりにも都合がよすぎて、何だか気味が悪くなってきました。私は船の管理を頼んでいる人の連絡先を教えると、実際に見て、もし興味を持ったら連絡してほしいと伝えました。

すぐに彼から電話がありました。船を見て気に入ったので、交換したいというのです。ここまでの展開で、まだ一時間もたっていません。私は考えました。「すごいな。たとえ宇宙でも、ここまで速く動けないだろう……」

話ができすぎていて恐ろしくなってきたので、私はこの取引をやめたくなり、どうすれば抜け出せるか必死に考えました。そういえばまだ金額の話をしていないので、それをきっかけにできるかもしれない。そこで、話にならないほど低い値段を提案しました。すると、相手はこう言いました。「問題ありません。これで決めてもらえますか？」

写真をシェア

価値観をひっくり返したことがわかる写真を撮る。

パーティゲーム 14

ワンダーウーマンは君だ!

ワンダーウーマンのふりをするというのは、生理学的に言えば、脳の構造を変えるということだ。実際の感情に関係なく、とにかく幸せな人のように行動すると、脳内に幸せ物質が分泌されて、本当に気分がよくなってくる。

エイミー・カディのTEDトークを見た人なら知っているだろうが、ワンダーウーマンのような姿勢で立つだけで、本当に自信がわいてくるのだ。**両手のこぶしを腰に当て、足を開いて立つと（カディはこの姿勢を「パワーポーズ」と呼んでいる）、ストレスホルモンと呼ばれるコルチゾールの分泌が抑えられ、代わりに男性ホルモンのテストステロンが分泌される。**

もちろんこれは、科学的に証明されている。就職の面接など、ストレスの多い状況が控えているなら、二分もこのポーズを取れば楽勝だ。

私も講演の前はいつもワンダーウーマンのポーズを取っている。聴衆に同じようにやってもらうことも多い。

このゲームでは、不安になったりイライラしたりするたびに、トイレに入り、ワンダーウーマンのポーズを取ってもらう。外に出たときは、たとえマントは着けていなくても、自信に満ちた別人になっているだろう。

または、いつもニコニコしているという戦略もある。人間の被験者（おそらくラットは言うことを聞いてくれなかったのだろう）を強制的に笑わせるという実験を行ったところ、たとえ二〇秒という短時間であっても、笑いは脳のポジティブな活動を促進するということがわかった。

ヒューレット・パッカードの研究者が、MRIと心電図を使って調査を行ったところ、笑うことで脳内に分泌される幸せ物質は、チョコレートバー二〇〇〇本分や、二五ドルの臨時収入があったときに匹敵するということがわかったのだ。

◉手に入るもの（パーティのおみやげ）——簡単に魔法を起こす力

感謝の心は、新しい何かが入ってくる場所を作る。癒やしが実現する場所、願いが現実

になる場所、奇跡が起こる場所を作る。

自分の可能性を、すでに知っている範囲内だけに制限してしまうと、生まれ持った「無限の力」を無駄にしてしまう。果てしなく広がる未知の世界から目を背け、過去に教わったことだけを見ている人生だ。

例をあげて説明しよう。

たとえば、あなたが車が欲しいと思っているとしよう。車を手に入れるには決まった手順があると信じていて（欲しい車種を選び、ディーラーへ行き、販売員の話を聞き、ローンの契約をする）、この手順が、無数にある可能性の一つにすぎないことに気づいていない。これでは、せっかく生まれ持った「無限の可能性」を否定することになってしまう。

常識にとらわれず、他の可能性にも目を向ければ、新車を手に入れる方法はそれこそ無数にあることに気づくだろう。

たとえば、懸賞で当たるかもしれない。娘の友達は、実際に卒業パーティで新車を当てたことがある。

または、誰かからもらえるかもしれない。**私の本の読者の中には、何年も会っていなかった牧師さんから車をもらったという人もいる。しかも、何の条件もつけられなかったそ**

うだ。

「知っている」と確信していることこそが、可能性をブロックする硬直した枠組みになって、あなたの望みをかなえにくくする障壁となってしまっているのだ。

つまり、思い込みが少ないほど、宇宙は簡単に魔法を起こせるということだ。

意識の中に「空間」を作ると、その空間に何か新しいものが入ってくる。

恋人を作りたいなら、デートサイト以外にも方法はある。家を買いたいなら、不動産屋へ行く以外にも方法はある。

◤本当にあった話(パーティのケーキ)◣

ある日のこと、占星術師のロブ・ブレズニーが、ロサンゼルスのフリーウェイを走っていた。特にスピリチュアルな体験をするような状況ではない。彼は車線を変えるときに、金髪美人が運転するジャガーの前に入った。違う状況だったら、思わず見とれているような組み合わせだ。

しかしそのとき、ジャガーの金髪美人はご機嫌斜めだった。激しくクラクションを鳴らすと、ロブに向かって中指を突き立てた。

路線変更で別の車の前に入ること自体は、朝のフリーウェイでは特に珍しくもない出来事だろう。しかしその金髪美人は、簡単に受け流すことができなかった。ずっとロブをにらみつづけ、クラクションを何度も鳴らした。ロブが全面的に悪く、自分は被害者だと周囲に向かって訴えていた。

賢くて愛にあふれた人間を自負しているロブも、このときは相手の挑発に乗ってしまった。それからしばらくの間、ロブの車と金髪美人のジャガーは抜きつ抜かれつの激しいレースをくり広げることになる。

とはいえ、ロブはまったく楽しんでいなかった。鼓動が速くなり、アドレナリンが体中を駆けめぐり、頭の中では誰かが「敵を殺せ！」と叫んでいる。人気の占星術師で、愛と平和と相互理解を語っている普段のロブからはとても想像できない姿だ。

大きな事故につながる寸前に、ロブはついに我に返った。そして「大きな存在」に助けを求めた。

すると突然、完全な真実に全身を打たれた。

「私はこの女性を愛している」ということに気づいたのだ。彼は女性に手を振ると、「私はあなたを愛している。今までもずっと愛していたし、これからもずっと愛している」というメッセージを伝えた。これは、すべての人にとって真実のメッセージだ。

ロブは言う。「メッセージが伝わったかどうかはわからない。でも彼女が愛のエネルギーを受け取り、私と同じように真実の瞬間を経験したことを願っている」

写真をシェア

もうおわかりだろう――そう、ワンダーウーマンのポーズで写真を撮ろう！

パーティゲーム15

宝物を探せ！

さあ、宝探しをしよう。

お題は、今まで存在に気づいていなかったものを五つ見つけることだ。

雑誌「サイエンス」に発表された研究によると、人間は起きている時間の四六・九パーセントもの間、実際にしていることとは別のことを考えているという。この「注意散漫」という状態は、人間ならではの認知力がなせる技だが、この状態が長く続くと幸福度が下がるという問題もある。

この問題を研究したハーバード大学の心理学者たちは、「何を考えているかということは、実際にしていることよりも、その人の幸福度を正確に計れる」と言っている。

このゲームは発見のゲームだ。目の前の瞬間のすばらしさを発見すれば、今いる場所を光り輝く場所に変えることができる。

私はこのゲームをすると、いつも目の前の瞬間の美しさに気づかされる。ずっと私のま

わりにあったすばらしいものたちの価値を再確認する。自分の人生を評価するなら、五つ星以外はありえない、という気持ちになる。

先日、犬の散歩で線路の脇を歩いていた。特にきれいな眺めではない。この道はもう数え切れないくらい歩いている。でもあの日は、午前中にメアリー・オリバーの『ブルー・アイリス(Blue Iris)』を読んでいた。主に花について語った詩とエッセイの本だ。

少し歩いたところで、殺風景な線路の横に、小さな花が咲いているのが目に入った。少なくとも七種類はある。それまでまったく気づかずに通りすぎていたのだろう。私は一本ずつ摘み取ると、厚い本に挟んで押し花にした。

どれも豪華な花ではないけれど、信じられないぐらい美しい。それに気づかずに何度も通りすぎていたなんて、私は自分が恥ずかしくなった。今度「不足」と「恐怖」に頭を占領されたら、この花を見れば真実を思い出すことができるだろう。

◉手に入るもの(パーティのおみやげ)――最高の人生を手に入れる力

あなたが現実化したいと思っているものは、すでにあなたのものになっている。

大事なことなのでもう一度言おう。あなたは、すでに欲しいものをすべて手に入れてい

る。そうでなければ、それが欲しいということにも気づいていないだろう。

欲しいものはすべて、あなたの可能性のフィールドの中に存在している。あなたが欲しいものとは違う周波数に乗っているので（今乗っているのは、「私はそれを持っていない」「もっと死ぬ気でがんばらないといけない」という思考の周波数だ）、まだ見えていないだけだ。

私たちの誰もが、すでに最高の人生を生きている。それなのに、持っていないものや、手に入れるためにがんばっているもののことばかり考えているので、最高の人生がぼやけて見えなくなっている。エネルギーの雑音にじゃまされている状態だ。

映画監督は、自分が撮りたいものをはっきり決めている。それと同じように、私たちも自分の見たいものをはっきり決めなければならない。今見えているものなのか、それとも何か別のものなのか。カメラを構えているのは私たちだ。何を撮るかは、私たちが決める。

現実は流動的だ。永遠に動き続け、新しい展開が現れる。どんな新しい現実を作るかを決めるのは、私たち自身だ。どこにカメラを向け、何にスポットライトを当てるかを決めるのは私たちだ。

◥本当にあった話（パーティのケーキ）◣

俳優のレイン・ウィルソンはニューヨーク大学で演技を学び、まだおしゃれな場所になる前のウィリアムズバーグに住んでいた。

「服は古着屋で買っていたよ。新品を買うお金がなかったからだ」と、彼は言う。

きしんだ音を立てる引っ越し用のトラックを運転して、オーディションがあればどこへでも出かけていった。人気ドラマ「シックス・フィート・アンダー」のオーディションは五回も受けたけれど、そのたびに落ちていた。

「ゲイのコーラスメンバー3というちょい役にも受からなかったんだから、今の自分の状況には心から感謝している」と、ウィルソンは言う。「宇宙は僕たちのために意外なものを用意してくれている。ときに何度も拒絶されるのは、もっとすごいものへの準備になるんだ」

どうやら宇宙は「シックス・フィート・アンダー」でウィルソンにぴったりの役が現れるのを待っていたようだ。それはアーサー・マーティン。ウィルソンの人生を一変させた役だ。

写真をシェア

「新しい」発見の一つを写真に撮る。

パーティゲーム16

まろUP!

このゲームを教えてくれたのは、本田健という日本人だ。彼は成功した作家で、一〇〇冊を超える著作がある。セミナーも大人気で、一時間もしないうちに売り切れることもあるという。日本に行ったときに彼に会い、彼のポッドキャストに出演するチャンスに恵まれた。インタビューが終わると、彼は金のコインが入った小さな木の箱を私にくれた。彼のメンターの竹田和平からもらったものだという。竹田和平は成功した実業家、投資家で、成功してからの主な活動は、自分が日本で有数のお金持ちになれた秘訣《ひけつ》を広めることだった。

それも、普通の秘訣ではない。**竹田和平の秘訣とは、毎日「まろUP!」することだ。**「まろ」とは「まごころ」を略した言葉だ。英語にするなら「トゥルー・ハート」になるだろうか。「まごころ」を定義するのは難しいが、自分と他者に向けた無条件の愛と説明できるかもしれない。

まろUPするために、和平は「ありがとう」と言う。**一日に何百回も、何千回も「あり**

がとう」と言う。「ありがとう」という言葉には巨大な力があり、どんな小さなことであっても「ありがとう」と口に出して言うことで、人生にいいものを引き寄せる力が大きくなる。

和平によると、「ありがとう」はスイス・アーミー・ナイフのような万能ツールだ。自分の運命をまっとうするための道具になる。

和平は、自分の成功は「まろ」のおかげだと心から信じている。純粋な感謝の周波数で振動している人は、愛の光で輝いている。そしてその愛の光が、奇跡を引き寄せ、お金も引き寄せる。すべての人にとってウィン・ウィンの状況を作り出すことができる。何度も「ありがとう」と口にすると、自分が生きているという奇跡に、心から感謝できるようになる。

和平の哲学は「世界を愛すれば、世界もあなたを愛するだろう」という言葉に集約される。

あなたも今日から「まろＵＰ！」しよう。何度も何度も、「ありがとう」と口に出して言おう。

◉手に入るもの（パーティのおみやげ）――頭の中の声が新しい仕事を始める

セルフヘルプの本は、いつも「問題」の話で始まっている。まず問題を定義し（たとえば、お金がない、ストレスが多い、家が散らかっている、など）、それからその問題を解決する方法を伝授する。

この本はその正反対で、「あなたに問題は一つもない」という前提から始まる。**問題があるように見えるのは、自分で問題があると思い込んでいるからであり、その問題を解決しようと必死になっているからだ。**

ここで、「問題があるように見える」という表現を使ったことに注目してもらいたい。**ほとんどの問題は作りものであり、こちらで探さなければ存在することさえない。**

さらに困ったことに、「何かが足りない」と思い込むと、すでに持っているものへの感謝の心がなくなってしまう。祝福は、晴れた日の太陽の光のようにいつも降り注いでいる。それなのにあなたは気づいていない。

これではまるで、自分を孤独な檻《おり》に閉じ込めるようなものだ。

テレビドラマ「オレンジ・イズ・ニュー・ブラック」のファンなら知っているだろうが、看守に悪態をついたり、ヘロインや口紅やスニッカーズを外からこっそり持ち込んだりした囚人は、ＳＨＵ（スペシャル・ハウジング・ユニット）と呼ばれる独房に入れられる。ＳＨＵに閉じ込められると、頭がおかしくなりそうになる。殺風景な部屋にたった一人だ。

話し相手はいない。苦痛を分かち合う人もいない。

人はみな宇宙のエネルギーを通してつながっているということを忘れると、私たちもこのSHUに閉じ込められた状態になってしまう。

本当にあった話（パーティのケーキ）

「え！　本気なの!?」

友人のシェリル・ミラーから、カンザス州オーバーブルックに引っ越して健康サロンを始めるつもりだという話を聞いたとき、私はびっくりして思わずそう叫んだ。

シェリルの家はうちのすぐ近くにある。まるでインテリア雑誌に出てくるようなすてきな家だ。あの家を捨てて引っ越すなんて、まったく理解できない。しかも、オーバーブルックはかなりの田舎で、人口なんてせいぜい一〇〇〇人だろう。住人たちは、「ヨガ」や「ウェルネス」という言葉すら聞いたことがないに違いない。

でも、シェリルには他の選択肢はなかった。彼女は感謝の周波数に乗って暮らしているので、ただ人生がまいてくれる妖精の粉をたどっていくだけだ。

そして、実際に健康サロンの設立に着手すると、奇妙なことが次々と起こった。**棚を作**

ろうと思っていると、いきなり大工さんが訪ねてきた。サロンにベッドを一〇台置きたいと考えていると、なぜか目の前に現れた……それも、手芸用品店に行ったときだ。

それだけではない。サロンに自転車が欲しいと思っていると、偶然たくさんの自転車が売られているのを見つけた。一台たったの三ドルだった。三ドルで自転車はなかなか買えない。それに、その自転車が売られていたのは、一面のトウモロコシ畑と麦畑の一角だった。

あなたはもしかしたら、「そんなのはただの偶然だ」と考えているかもしれない。でもシェリルの日常は、こんな「偶然」ばかりが起こっている。

シェリルは古い歴史的な建物を買い取り、健康サロンに改築した。「それを見た人からよく言われるわ。『ずいぶん大変だったでしょう？　もう引退生活に入っているのに、よくそんなエネルギーがあるわね』って」と、シェリルは言う。

そんなとき、シェリルはただ笑っている。実際は大変なことなんて一つもなかったからだ。

シェリルはあるアイデアを思いつくと（そのアイデアも宇宙から送られてくる）、ただ座ってビールかコーヒーを飲む（どちらを選ぶかは、そのときの時間で決まる）。そうすると、考えていたものが目の前に現れるのだ。

これを「奇跡」と呼ぶ人もいるだろう。でもシェリルにとってはいつものことだ。

ただ、昔からそうだったわけではない。シェリルはかつて、うつ病に苦しんでいた。人生には苦しみしかないと思い込んでいた。

しかしある年、彼女は自分の周波数をアップグレードすることに決めた。きっかけは、チベット仏教の数珠をもらったことだ。**毎晩、感謝できることを数珠の数と同じ一一〇個見つけて日記に書くと決め、それを一年間、一日も休まずに続けた。**最初のうちは、一〇個か二〇個しか見つからなかった。それでもあきらめずに続けていると、やがてカテゴリーに分けるというアイデアを思いついた。

たとえば、「やらずにすんで感謝していること」や、「自分の仕事で好きなところ」「好きな食べ物」といったカテゴリーだ。

「今は一時間で一〇〇〇個は思いつくわ」と、シェリルは言う。

シェリルは自分でも気づかないうちに、聖なる周波数で振動するようになっていた。だから彼女の人生はシンプルで、喜びに満ちている。

写真をシェア

あなたが世界を愛しているようすを写真に撮る。

パーティゲーム 17

携帯電話に「ありがとう」を言う

このゲームを教えてくれたのは、片づけコンサルタントの近藤麻理恵だ。彼女が書いた**『人生がときめく片づけの魔法』（サンマーク出版）という本は、全世界で七〇〇万部以上売れ、世界中の人に、自分の持ち物に感謝することを教えてくれた。**

彼女の方法をいくつか紹介しよう。

・服に向かって「寒さから守ってくれてありがとう」と言う。
・アクセサリーに向かって「私をきれいにしてくれてありがとう」と言う。
・靴に向かって「今日のプレゼンのときに、同僚たちの前で堂々と立っていられたのはあなたのおかげです。どうもありがとう」と言う。
・ものを捨てるときは「今までありがとう」と告げてから捨てる。

近藤は、自分の持ち物をまるで一〇年もいっしょに暮らしている生き物のように大切に扱うことを提案している。実際、近藤はただ賞賛して感謝するためだけに、自分の携帯電話を取りだして眺めているという。

彼女が指摘しているように、私たちの持ち物は、私たちのために一生懸命働いてくれている。私たちの人生を支えてくれている。それに加えて、持ち主に愛される衣類は、実際に長持ちするそうだ。

もちろん、ものを擬人化することをバカにする人もたしかにいる。しかし彼らは、ほとんどの野球選手をバカにすることはできないだろう。一流の野球選手ほど、自分の道具を愛している。たとえば、メジャーリーガーのキャッチャーのボビー・ウィルソンは、自分のミットと一緒に寝ていた。学校にも連れていった。そして妻には、「僕の最初の親友だ」と紹介したという。

ゴールドグラブ賞を九回も受賞したトリー・ハンターは、自分のグローブに名前をつけ、恋人だと思って接している。

オークランド・アスレチックス元コーチで、現役時代は内野手だったマイク・ガイエゴは、八年間ものあいだ使っているローリングスのグローブが大のお気に入りで、一九八九年のサンフランシスコ地震が球場を襲ったときは、命を危険にさらしてまでも、そのグローブを守り抜いた。

◉手に入るもの（パーティのおみやげ）――意識の窓がピカピカになる

今、あなたの世界で「問題」と呼ばれていることは、じつは「祝福」と言い換えることができる。

すべての問題は、「常識」で塗り固められた人生の台本を捨てるための大きなチャンスになる。自分に起こった問題をきっかけにして感謝の周波数に乗ることができるようになると、決められた台本を読むだけの舞台から降りることができる。そして観客席に座り、批判するのではなく、ただ観察すればいい。

感謝から生まれるのは、批判ではなく気づきだ。

また台本のセリフ（私はダメだ、こんなんじゃいけない、欲しいものなんて手に入るわけがない）をくり返してしまうこともあるかもしれないけれど、そんなときも自分を責めずに、ただ自分を客観的に観察してみよう。そうすれば、自分がいかにロボットのように行動しているかがわかるだろう。そんな自分を見て、笑ってしまうことだってあるかもしれない。

感謝の周波数で振動している人は、失敗するのは不可能だとわかっている。「失敗」なんて、たとえ万が一にもありえない。人が「失敗だ」ととらえる出来事を、「チャンスだ」ととらえるからだ。

感謝の周波数に乗ってしまいさえすれば、もう問題を解決する必要はない。ただ「気づき」を実践していればいい。

◣本当にあった話（パーティのケーキ）◢

ビズ・ストーンは、大学を中退し、クレジットカードの巨額の借金を抱えていたが、ツイッターを起業して大成功した。そんな彼の当時のツイッター社での役割は、「心配しない人」だという。

ビズは言う。「何もかもがうまくいかないときは、うまくいかないことを嘆くのではなく、うまくいっていることを見つけて、そこから前に進んでいく」

ビズによると、よい解決策が浮かぶのは、物事のポジティブな面を見ているときだけだ

という。

彼はよく「無限の可能性」という言葉を使う。彼は、態度が人生で起こることを決めていることを知っている。そして、人は誰でも、量子のフィールドから自分と同じ周波数を持つものを引き寄せていて、それは望みさえすればいつでも変えられるということも知っている。

彼が言うように、「すべての問題には、解決策になる可能性のあるものが無数に存在する」のだ。

創造性は無限だとビズは言う。すでに知っていることばかりにこだわっていると、無限の可能性をみすみす見逃してしまう。

無職で実家の地下室で暮らしていた時代、ビズは「天才　ビズ・ストーン」と印刷された名刺を持ち歩いていた。「天才ラボ」という研究室を作り、世界クラスの科学者とチームを組んで、無限のリソースを使って発明に取り組んでいると宣伝していた。**そうやって夢を口にしたことで、実現することができたのだ。**

ビズ・ストーンは、望んだ結果に集中することの大切さを知っていた。

パーティゲーム14で紹介したテクニックを使って、グーグルでの仕事も手に入れた。

彼はグーグルで働きたかった。大学を出ていなかったが（グーグルはたいてい博士号を持っている人しか雇わない）、グーグルで働く自分の姿を思い描いた。彼の心の目には、夢を実現した自分の姿がはっきりと映っていた。

ビズは言う。「大学は出ていないけれど、このチャンスを自分の力で生み出したんだ。学位もないし、出世街道を邁進《まいしん》していたわけでもない。僕は何者でもなかった。それでも、ある分野では十分な経験があった。それは、自分のチャンスを自分自身で作るという分野だ」

そんなある日、ツイッターを創業すると、いずれこのテクノロジーが「体制を転覆させる」ことを夢見たのだ。そして後に、モルドバ暴動やアラブの春で、ビズの夢想は現実のものになった。

彼は言っている。**「勤勉に働くことはたしかに大切だが、成功のカギを握るのは、『無限の可能性というレンズ』を通して見ることだ」**

私がビズ・ストーンというリーダーが大好きな理由を、あと三つ紹介したい。目に見えない領域が、いつでも見える領域の青写真を作っているということを、彼はよくわかっていた。

1、たくさんのお金も、人を幸せにしてくれないということを知っている。たしかに今の彼は大金持ちだが、彼と妻のリヴィアは質素な暮らしをしていて、財産のほとんどを寄付している。「人助けは、僕たちにとっての豪邸とランボルギーニと同じなんだ」と彼は言っている。

2、最初のセールスパーソンを雇う前に、まず企業の社会的責任担当の社員を雇った。

3、革新的なビジネスモデルを創造した。市場を独占して稼ぐことを目指すのではなく、三つの方針を打ちたてた。ビジネスでいちばん大切なのは、社会に意義のある影響を与えなければならないということ。二つ目は、会社に関わる人間のすべてが自分の仕事を楽しむこと。そして三つ目は、力強い利益を生み出すということ。利益の優先順位は三番目なのだ。

彼はまた、失敗を「人生で最高の出来事」に変える方法を知っている。そして、楽観主義者が結集すれば、世界を変えられるということも知っている。

写真をシェア

大切にしている持ち物の写真を撮る。

パーティゲーム18

愛のレーザービーム発射！

今日は、会う人すべてにやさしくする。まるで相手の誕生日であるかのように祝福の言葉をかける。目に映るすべての人に愛の分子を送る。心に浮かんだすべての思考や記憶にも愛の分子を送る。さあ、目から愛のビームを発射しよう。

◉手に入るもの（パーティのおみやげ）――複雑な人生におさらば

「人生は複雑だ」

これは大きな罠《わな》だ。幸せは厄介な代物で、幸せになりたいなんて浮ついたことを考えるのは時間の無駄だと信じさせようとしている。

でも実際のところ、人生はとてもシンプルだ。本当の人生は、今まで教え込まれていた人生とはまったく違う姿をしている。

あなたは次のことだけを知っていればいい。

今、この瞬間を生きる。批判しない。すべてを愛する。

正しい周波数で振動していれば、人生は遊びになる。無理をする必要は一切ない。正解も間違いもない。ただ可能性の海の中で水遊びをしていればいいだけだ。子供のようにはしゃぐほど、人生は神聖なエネルギーから生まれた純粋な喜びだということがわかる。

本当にあった話（パーティのケーキ）

身につけていたボクシンググラブをはずして壁にかけ、降参の白旗を振ると、人生はずっと自分の味方だったということに気づく。

マイケル・シンガーは、『いま、目覚めゆくあなたへ』（風雲舎）という記念碑的な本の中で、頭の中の声を疑えと言っている。そんなシンガーにとって、人生はびっくりするほど簡単だ。

頭の中の声を無視できるようになると、人生からの贈り物が次々と届くようになった。まったく予期していなかったことや、可能だとは夢にも思っていなかったようなものだ。

たとえば、大学院で経済学を学んでいたときに、三〇ページにおよぶ論文を書き上げた。そのための勉強は一切しなかった。図書館にも一度も行かなかった。努力と呼ばれるようなことは何もしなかった。

これはとても重要な論文で、同級生たちはみんな大変な重圧を感じながら書いていた。しかし論文を書き上げると、シンガーは経済学の教授になりたいという気持ちをなくしていた。もっとシンプルで、幸せなやり方で、深い意識とつながる方法を見つけたからだ。図書館にこもって文献を読みあさる生活は、彼の望む人生からいちばんかけ離れていた。**シンガーが興味を持っていたのは、瞑想と、自分の中でわき上がる平和と喜びのエネルギーだけだった。**

シンガーは成績や学位には興味がなかったので、まったくプレッシャーを感じていなかった。ただ頭の中の声を無視して、そして書きはじめた。メモ帳を何冊も使い、前提、論証、結論で構成される完璧に理論的な議論を展開した。

彼はこの論文でAを取った。しかもそれだけでなく、めったに授業に出ないので教授からもうやめるように言われていたのだが、その教授が論文を読んで考えを変え、自分の下で研究をしないかと声をかけてきた。

シンガーの人生ではこういうことがよくある。また別の重要な試験でも、勉強する気がまったくなかったので、彼はただ導きに従った（ストレスやネガティブな感情から完全に解放されると、宇宙の導きがはっきり見えるようになる)。そのときは、教科書のあるページを読むという導きが三回訪れた。

そして試験を受けると、導き通りに読んだページに書いてあったことが、そのまま問題になっていた。その時点で、シンガーはあきらめた。博士号をあきらめたのではなく、人生には努力が必要だという考えをあきらめたのだ。

シンガーはぶっ飛ぶほどすごい本を書くかたわら、スピリチュアルのコミュニティのためにおよそ七〇万坪の原生林と平原を買い、斬新なソフトウェアを開発し、売上げ一〇億ドルの上場企業を経営している。どれもまったく努力せずに達成したことだ。ただ宇宙のドアを開けたら、そこにあっただけだ。

写真をシェア

知らない人とグータッチしている自分の写真を撮る。

パーティゲーム⑲

笑いの伝染病を起こせ

今日は何度も笑おう。

おかしくないから笑えないと言うのなら、おかしいふりをする。ある年の私の誕生日に、娘のタズと二人でアダム・サンドラーの映画を見に行った。映画館に着く前に、笑い方の競争をしようと話していた。笑い方の種類が多いほうが勝ちだ。たとえば、鼻をフガフガさせて笑ったり、ヒーヒー笑ったりする。そして私たちは、まったくおもしろくない場面でもいろんな笑い方を披露した。すると間もなくして、私たちがあんまり笑うので、他の観客たちにも笑いが伝染していった。映画館全体がどっと笑いに包まれたのは、サンドラーの演技だけが原因ではない。

笑いをバカにする人もいるだろう。当たり前すぎてつまらないという人もいるかもしれない。**でもジャーナリストのノーマン・カズンズは、笑いのおかげで関節炎のひどい痛みから解放された。**ギタリストで瞑想家のカルロス・サンタナも、気持ちのいい大笑いは、瞑想用のマットの上に一か月座っているのと同じ効果があると言っている。

科学的な研究でも、笑いがストレスホルモンの分泌を抑制し、伝染病と戦う抗体を増やし、いい気分になる脳内物質を大量に分泌させることが証明されている。笑うと、体内の組織に酸素が送り込まれ、脈拍が速くなる。そして、ヴァンダービルト大学のマチェイ・ブコウスキーによると、笑いにはカロリー消費の効果もあるという。

ウェブサイト「ウェブ・オブ・サイエンス」のデータベースを見ると、恐怖に関する研究論文は六四四七本も収載されているのに対し、笑いに関する論文はたったの一七五本だ。私たちの文化がどちらを重視しているかがよくわかるだろう。笑いと恐怖は両立しない――今日は、この言葉を肝に銘じて行動しよう。

◉手に入るもの（パーティのおみやげ）――意識のレベルが上がる

メイヨー・クリニック・カレッジ教授のアミット・スードは、長年にわたって伝統的な西洋医学の医者だったが、患者の苦しみを取り除くという医者としての目標をまったく果たせていないと感じていた。

スードが医学の教育を受け、医者としても働いていたインドでは、苦しみをなくすのは簡単だ。インドでのスードは、重い病気や、栄養失調などの慢性の病気を治療していた。そしてアメリカのメイヨーでは、患者はインドと同じくらい苦しんでいたが、苦しみの種類が違っていた。

「私にはまったく理解できませんでした」と、スードは言う。「この国の人たちが抱える心の苦しみは、まったく手に負えないのです」

そこで彼は故国のインドに戻り、専門の内科を離れ、自分で「よりよい人生を送るために精神を鍛える」と呼んでいる治療を始めることにした。

スードの患者たちは、願ってもいないことをだらだら考えつづけることに、精神的なエネルギーの半分以上を費やしている（ちなみに、アメリカ人の九九・九パーセントもこの状態だ）。スードも言うように、そのせいで無用な苦しみを抱えることになるのだ。

そこでスードは、薬を処方するのではなく、患者たちの精神を鍛えることにした。**もっと意図的になり、自分の意識を集中する対象をきちんと選べるようになるのが目標だ。**

「ニュートラルな精神状態を再構築する」という、スードのシンプルな「医学」を、否定する人もいるだろう。しかし、そこには一つの見落としがある。

それは、スードの医学には実際に効果があるということだ。自分の幸運を探し、たとえ幸運がどんなに小さくても感謝の心を持つと、凝り固まった脳の思考回路を変える効果がある。

スードは言う。「**人生のいいことだけを考えると、心が満ち足りる。そして心が満ち足りると、他者に与えることができ、逆境にも耐えることができる**」

本当にあった話（パーティのケーキ）

たいていの人は、自分の思考よりも、自分の車のほうをよっぽど大事にしている。感情は現れては消えていく――ただし、ある感情に神殿を建てるほど執着すると話は別だ。

二〇〇七年、カリフォルニアに住む弁護士のジョン・クラリクは、自分の人生がまっすぐ地獄に向かっているように感じていた。二度の離婚を経験し、経営する法律事務所は巨額の損失を出している。それに、ゴミ溜《た》めのような自宅を七歳の娘に見られるのが、恥ずかしくてたまらなかった。

年が明けて一月一日の朝、惨めな気分で森の中を散歩しているときに、クラリクは声を聞いた。大きな、はっきりした声だ。「**すでに持っているものに感謝できるようになるまでは、欲しいものは手に入らないだろう**」と、その声は言った。

クラリクには声の主がまったくわからなかった。

自分の頭がおかしくなってしまったのだろうか？

それとも天使の声なのか？

もしかしたら、感謝の手紙を書きなさいとしつこいぐらい言っていたおじいさんなのだろうか？

亡くなったおじいさんの声と考えるのが、いちばん妥当な答えになりそうだ。それに彼には失うものがほとんどなかったので、おじいさんの教えを守ってみることにした。二〇〇八年、**彼はずっと感謝の手紙を書きつづけた。**

最初に感謝の手紙を出したのは、何年も会っていなかったいちばん上の息子だった。その手紙をきっかけにランチの約束をして、そしてランチの席でとてもすばらしい会話を楽しむことができた。二人でこんなに楽しく話せたのは本当に久しぶりだった。

クラリクは次に、スターバックスのバリスタに感謝の手紙を書いた。自分の好みをいつも覚えていてくれるからだ。トイレが壊れたときに修理屋さんを呼んでくれたビルの管理人にも感謝の手紙を書いた。それから、法律事務所のクライアント、裁判所の書記官、不動産エージェント、ローン担当者にも感謝の手紙を書いた。それが終わると、今度は若い自分に影響を与えてくれた人たちに感謝の手紙を書いた。大学の友人や、食道の手術をしてくれた外科医だ。

不思議なことに、あっという間に目に見える効果が現れた。収入が増え、いい友情に恵まれ、体重が減り、心の平安も手に入ったのだ。

その年の一二月、クラリクはこう言っている。「私の人生は信じられないくらいよくなった。まるでハリウッド映画のようだった。人生のすべての瞬間が一変した。たしかに問題が起こって困ることもあるが、もう以前のように絶望はしない。**『ありがとう』と言うことで、私の人生は変わった。そして今でも変わりつづけている**」

写真をシェア

笑っている自分の写真を撮る。

パーティゲーム20 病院ごっこ

恐怖に対する免疫力を高めよう。

恐怖やネガティブ思考はインフルエンザウイルスと同じで、空気中にうじゃうじゃいて、いつでも感染するターゲットを探している。すぐに対策を取らないと、あっという間に大流行だ。くれぐれも自分が感染者にならないように。

このゲームでは、今から二四時間、いつでも「すべて順調」という態度でいる。恐怖を治療する薬は感謝だ。恐怖と不安は、感謝と満足とは共存できない。何度も「ありがとう」という言葉をくり返していれば、恐怖と不安は根こそぎ消えてしまうだろう。

◉手に入るもの（パーティのおみやげ）――ゾーンに入る

感謝は、地球上でいちばん強い周波数だ。

人はどんなときでも、感謝の周波数に乗っているか、いないかのどちらかだ。本当にそうなのかと疑問に思う人もいるかもしれないが、残念ながら私からは、「いずれわかるでしょう」としか答えられない。

これは間違えようがない。**感謝の周波数に乗ると、心がウキウキワクワクし、「なんでも来い！」という気分になる。自動的に人生が上向きになる。すべての会話が楽しくなる。人々がお互いにやさしくしているところばかり目に入る。体が軽くなる。自分が運転する道だけはいつも渋滞していない。たとえ何が起ころうとも、完璧に対処することができる。前もって考えておく必要もないし、計画を立てる必要もない。ただ、必要な答え、必要な行動、必要な言葉は、いずれ必ず現れると信じるだけでいい。**

スポーツの世界では、この状態を「ゾーンに入る」と呼んでいる。

この状態になるのに、努力は必要ない。いい子にしていなくてもかまわない。ただ、その存在を疑うのをやめればいいだけだ。その反対のことにエネルギーの大半を注ぐのをやめればいいだけだ。

この周波数（よく神とも呼ばれる）は、正しいお祈りをしなくても現れる。特定の宗教を信じるとか、決められた時間だけ瞑想をするとか、そういうこともまったく関係ない。

いつでも「今、ここ」にあって、私たちとつながっている。そして私たちを導き、祝福している。

私たちの仕事は、ただ受信感度を高めることだけだ。そしてできれば、受け取った電波を、まわりの悲観主義者たちにも届けてもらいたい。

本当にあった話（パーティのケーキ）

ギタリストのカルロス・サンタナは、一五歳のときに、家族と一緒にメキシコのバハ・カリフォルニア州からサンフランシスコに引っ越した。サンタナは引っ越しを喜んでいなかった。すでに地元のクラブで演奏して、生計を立てていたからだ。

ある日彼は、母親と大げんかをすると、メキシコに帰ると宣言した。そして父親の友達に頼み、車でメキシコまで連れていってもらった。

故郷に帰ると、サンタナはまっすぐグアダルーペの聖母を祭る教会に向かい、ひざまずいて聖母マリアに祈りを捧げた。

「家族がどこにいようと、彼らの身をお守りください。そして私には今夜の仕事をください。お願いすることはそれだけです」

教会を出ると、今度はまっすぐかつての職場に向かった。エル・コンボイというクラブだ。マネージャーは彼を見つけると、まるで幽霊を見たようにびっくりした。「悪いがうちでは雇えないよ。お母さんにアメリカに行くって聞いていたからね。おまえは未成年だから、親の許可が必要なんだ」

カルロスはポケットに手を入れると、入っていた紙切れをマネージャーにわたした。カルロスは知らなかったのだが、それは母親が書いた手紙だった。必要なときに、まるで魔法のように現れたのだ。

彼の母親は、手紙を書いたことを死ぬまで否定していた。カルロスがその話をするたびにカンカンになって怒っていたという。

あのとき、なぜ手紙がポケットの中に入っていたのだろう？　カルロスにはまったくわからなかった。

しかし、いずれにせよ、マネージャーは肩をすくめると、ステージを指して言った。

「じゃあ演奏してもらおうか。そして、おかえりと言っておこう」

写真をシェア

愛する人と一緒にいる自分の写真を撮る。

神聖なおふざけ

このすばらしい日に、どんな愛のいたずらができるだろう？

・レストランやバーのトイレの鏡に口紅でポジティブなメッセージを書く。「あなたはとても美しい」「自分が愛されていることを忘れないで」「あなたが生きていることには意味がある」など。

・一二月をすぎていても、クリスマスの歌をうたう。いつ「メリークリスマス」と言うかは自分で決める。

・名刺サイズのカードに、「あなたは今日、私に元気と刺激をくれました。どうもありがとう」と書き、いろいろな人に配る。

・街の掲示板に楽しいことを書く。

友人のアノーラは、以前に「必要なものを持っていってください」と書いたポスターを作った。ポスターの下に縦に切り込みを入れて、ちぎって持っていけるようにすると、普通なら電話番号などの連絡先を書くところに、「平和」「愛」「満足」「幸福」と書いた。すると昼までに、すべての言葉がなくなったそうだ。

・お隣さんとセルフィーを撮る。

たぶんお隣さんと話したのは、あちらの犬があなたの家の庭にフンをしたときが最後だろう。でも人生というゲームで、いちばん近くにいる味方はお隣さんだ。彼らのことをもっとよく知ろう。

・お隣さんのついでに、知らない人ともたくさんセルフィーを撮ろう。「いちばん好きなものは何ですか?」「どんな世界を望んでいますか?」と質問しよう。

・なんでも発表会を開く。毎週、家族や友達と集まり、自分の好きなものや、なんでもいいからおもしろいものを発表する。クレジットカードの明細のすみに描いた落書きや、クリーニング屋さんの列に並んでいたときに思いついたものを持ってこよう。大人だって、子供と同じようにおかしなことを思いつく。ただ誰にも言わないだけだ。人に聞かせるようなことではないとか、庭の芝刈りや車の修理のほうがよっぽど大切だと思い込んでいるだけだ。

・仮装する。大きなぬいぐるみを持ち歩く。みんなが笑って指をさすようなことをする。

・感謝の会を開く。

最後にまた、感謝の収益報告書を作成しよう

さて、わが友よ。ゲームの成果はいかがだっただろうか？

ここでまた、感謝の収益報告書を見直してみよう。第2章で説明した基準に従って、自分のパフォーマンスを一点から一〇点で評価する。

今日の日付 ＿＿＿＿＿＿＿＿

■ あなたの現状を書き出してみよう

◎錬金術資本（うまくいっていることに感謝する）：

◎スピリチュアル資本（大いなる力に自分の人生をゆだねる）：

◎創造性資本（ワクワクするものに向かっていく）：

◎冒険資本（全力で楽しむ）：

◎ソーシャル資本（応援してくれる友達）：

■ 受け取った贈り物

◎宇宙があなたの味方であるという証拠：

◎自然界からの愛：

◎見えない仲間からの合図：

◎思い込みから解放される：

おわりに

あなたがここまで到達したのなら、そろそろ公に宣言してもいいだろう。あなたはすでに、「真実とお祭り騒ぎ同盟」の正式なメンバーだ。

片手を上げて、宣誓しよう。

私はここに、自分がこの地球上に存在するのは愛を広めるためだと認める。他でもないこの時空に私が存在するのは、善きもの、聖なるもの、美しいものを創造するためだ。そして私は、今この瞬間から、つねにこの神聖な真実とともに生きていくことを誓う。

さあ、宣誓がすんだところで、今度は「何のために生きているの?」という言葉を封印しよう。あなたが三〇年前か四〇年前から、ずっとブツブツつぶやいてきた言葉だ。

あなたがこの世に存在するのは、宇宙を拡大するためだ。しかも、宇宙を拡大するのは簡単なことだ。ただそれを意図するだけでいい。

あなたに暗号解読の指輪をあげることはできないけれど、それでもこの本で紹介したパーティゲームには、指輪と同じ力がある。ゲームの目的は、あなたの周波数を上げ、古い物語からあなたを遠ざけることだ。

自分の周波数が不安定になったら、第3章のどこかのページをデタラメに開き、「ヤッホー！　ベイビー！」と叫んでみよう。

悪い習慣から離れれば、前に進むのがずっと簡単になる。

1、探すのをやめる

もうこれ以上、自己啓発本を読む必要はない。セミナーも、練習もいらない。だって、もう持っているのだから！

それはすでにあなたのDNAに組み込まれている。まだ自分の力を発揮して宇宙を拡大していない理由の一つは、ずっと間違った場所を探していたからだ。以前の私もそうだった。セルフヘルプの本を無駄に読みあさり、著者たちの収入にずいぶん貢献してきた。でも、それはもう過去の話だ。今こそ立ち上がり、自分のものである遺産を堂々と受け取ろう。自分の王国を支配しよう。ハウツー本の山に埋もれさせていた本当の自分、賢くて愛にあふれた自分を蘇《よみがえ》らせよう。

2、くそまじめ禁止

宇宙を拡大するのはゲームだ。心底楽しいゲームだ。この新しい役割を果たす正しい方法は、ウキウキワクワクすることだけだ。成功のための七つのステップはもう忘れよう。面倒な「することリスト」も忘れよう。前にも言ったように、あなたはもう持っている。この言葉を何度もくり返そう。

3、ネガティブ人間の前で大笑いする

この世でもっとも甘い誘惑に満ちた罠《わな》は、せっかくのスーパーパワーを使って恐怖を創造してしまうことだ。人間の思い込みや期待は粘土のようなもので、自分で作った粘土細工が、自分にとっての現実になる。それなら光り輝く可能性で満ちた世界を作ればいいのに、代わりに核爆弾を作ってすべてを破壊してしまう。新しいものを想像するのではなく、何世代も前からずっと聞いていることをただくり返している。いつの日か、私たちは昔をふり返り、こんなに長い間自分の力に気づいていなかったことを、笑い飛ばすかもしれな

い。限界と分断ばかりだった人類の歴史を読み、こんなふうに考える——何かの冗談でしょう？　美しくて、魅力的で、クールな現実を創造する力があるのに、何が悲しくてわざわざ苦しむことを選んだの？

4、コントロールを手放す

人生の手綱を握っているのはあなたではない。あなたはただのパイプだ。あなたがすることは何もない。むしろ、あなたが手を引くほど結果はよくなる。もちろんそのためには、信じる心が必要だ。そして脳の配線も変える必要がある。

そして最後に、もし誰かから「『「感謝」で思考は現実になる』っていったい何の本なの？」と尋ねられたら、次のことを教えてあげてもらいたい。

・このまたとない今という時代に、この地球上に私たちが存在するのは、宇宙を拡大するためだ。苦しみの演技でアカデミー賞をもらうためではない。

・何気ない日々の生活にこそ、平和、満足、そして聖なるエネルギーが存在する。
・同じ地球に暮らす仲間たちのために何かしたいのなら、まず自分が楽しみ、楽しむのはいいことだと教えるのがいちばんの方法だ。

それから彼らを、毎週開催する幸せを祝う会に誘おう。昨日の再放送は禁止だ。すべてのものの中に、いいことと価値だけを見るように自分を訓練するのは、社会の常識を根底からひっくり返すような姿勢だ。

だからこそ、この喜びのビジネスは誰かと一緒に行わなければならない。

参加資格は、(a)絶対に手を抜かない人、(b)話す価値のあることはうまくいっていることだけだと知っている人、(c)人はみな美しい光であり、世界を変える美しいアイデアを持っていると知っている人だ。

あなたが自分を幸せにすれば、他の人にも幸せになる許可を与えることになる。それを忘れないようにしよう。

そして、最後にもう一つ

現在、インスタグラムとフェイスブックでは、『「感謝」で思考は現実になる』のタウンホールで革命が進行中だ。あなたもその革命に招待されている。みんなでやろう!

Instagram.com/thanksandgrowrich/
#T&GRtotem
#T&GRnaturalbling
#T&GRmessage
#T&GRshatteredfact

私の体に彼らの名前のタトゥーを入れる代わりに――謝辞

ご想像通り、感謝についての本には感謝したい人がたくさん関わっている。謝辞だけのためにもう一冊書いてもいいかもしれない。

とはいえ、高校のジャーナリズムクラスの先生が言っていたように、「短く、簡潔に、要点をわかりやすく」が鉄則だ。もしそれができないなら、少なくともページ内に収めなければならない。

というわけで……。

まずはカンザス州ローレンスにある、すべての楽しくてファンキーなカフェに感謝したい。ゲームのほぼすべてはこれらのカフェで書いた。作家のロバート・ホールデンも言っているように、「カフェインは聖霊の配達システム」だ。

シェリル・ミラーにも感謝を。カンザス州オーバーブルックにある彼女が経営する健康サロン、フェアチャイルド・ウェルネス・センターには、執筆が重大な局面を迎えるたびにエネルギーと栄養を与えてもらった。

スピリチュアルの栄養に関しては、ハーフェズ、ルーミー、チャールズ・エイゼンシュテイン、イーサン・ヒューズ、トム・シャドヤック、そしてすばらしいギフト経済のシステムを構築したニップン・メータに感謝を。

そして今回もまた、月と北斗七星に感謝を。可能性クラブが存在するのは彼らのおかげであり、クラブのメンバーはこの本にたくさん登場している。メンバー全員に感謝を。

ロンダ・バージス、ジェイ・プライアー、アノーラ・チャリティ、リンダ・グワルトニー、カーラ・ムンマ、エリザベス・スティアー、ダイアン・シルヴァー、ロビン・ルーマス、シェリル・ミラー、メラニー・ブラック・ロイド、フランク・シュワラー、ジャン・スピーゲル、クリス・ヒックス、パット・ウィーヴァー、ロン・グリフォード、キティ・トゥートルズ、ニッキ・ライト、ジェニー・ウォッシュバーン、K・C・ブッシュネル、ベティ・ウィルソン、シンディ・マクラケン、ジョイス・バレット、M・K・ミューラー、ボニータ・ヨーダー。そして大リーガーのバディ・ビアンカラーナは、ある日曜日にやってきて、ある種の現実化は他のものよりも時間がかかるということを証明した。

そして私のホームチームには、永遠に深いお辞儀と心のすべてを捧《ささ》げる。彼らがいなければ私はまともに生きていけない。ジム・ディック、シェリダン家の人々。そしていつものように、自慢の娘のタズマン・マッケイ・グラウト――あなたのおかげで、私は謙虚な気持ちを忘れないでいられる。

ヘイ・ハウスのすべての人に敬礼を。中でも、頑固な私に付き合ってくれたアレックス・フリーモン、ナッシュビルにある最高警備の刑務所にいる囚人から、南アフリカのティーンエイジャーまで、あらゆる人に私の本を送ってくれたメリッサ・ブリンカーホフ、忍耐強いクリスティ・サリナス。そしてリサ・チェン、パティ・ギフト。

そして最後に、満月の夜に踊る仲間たちに大きな感謝を。一人でも、グループでもいいので、これからも満月の夜に、私たちみんなで受け継いだこの強烈で神秘的な惑星を祝ってダンスをしよう。

贈り物をシェアしよう

「感謝のゲーム」の収益報告書を作るだけでなく、この感謝の運動のインスタグラムにもぜひ参加してもらいたい。宇宙からのサインや、自然界からの贈り物を見つけたら、写真を撮ってみんなとシェアしよう。私の経験から言えば、こういう活動はグループでやったほうが、効果は格段に大きくなる。

正しい周波数に乗れば、奇跡が起こるのが普通の状態だということを証明しようとしている私たちは、変わり者の集まりだ。だって、社会の常識に従うことを拒否しているのだから。

ニュースで伝えられる現実は、現実の一つの側面にすぎない。可能性の一つにすぎない。私たちは、他にも数え切れないぐらいの可能性があるということを証明しようとしている。本物のスピリチュアルは、すべてチームスポーツだ。

ここに、世界中の仲間たちが集まっている。

https://www.instagram.com/thanksandgrowrich

#T&GRtotem

#T&GRnaturalbling

#T&GRmessage

#T&GRshatteredfact

【著者】

パム・グラウト（Pam Grout）

魔法のフロンティアの探検家。ゾンビ映画にエキストラで出演し、カントリー・アンド・ウェスタンの曲を作り、テレビシリーズの脚本を書き、マサイの戦士、トルコのスルタン、エクアドルの太陽神インティと親交がある。職業はライター（本人は人々がなぜ他人の職業をいちばんに知りたがるのか疑問に思っている）。これまでに出した本は、世界的ベストセラー『こうして、思考は現実になる』（小社刊）をはじめ、20冊になる。また、「CNNトラベル」「ハフィントンポスト」「メンズ・ジャーナル」誌、「ピープル」誌などにも記事を書いている。

【訳者】

桜田直美（さくらだ・なおみ）

翻訳家。早稲田大学第一文学部卒。訳書に『こうして、思考は現実になる』『こうして、思考は現実になる（2）』（ともに小社刊）、『より少ない生き方』（かんき出版）、『生きるために大切なこと』（方丈社）、『10% HAPPIER』（大和書房）などがある。

本書は、2017年3月に小社より刊行された『「感謝」で思考は現実になる』を改題、再編集したものです。

THE GRATEFULNESS

2024年6月15日　初版印刷
2024年6月25日　初版発行

著　　者　パム・グラウト
訳　　者　桜田直美
発 行 人　黒川精一
発 行 所　株式会社サンマーク出版
東京都新宿区北新宿2-21-1
電話　03-5348-7800
印　　刷　共同印刷株式会社
製　　本　株式会社若林製本工場

定価はカバー、帯に表示してあります。
落丁、乱丁本はお取り替えいたします。
ISBN978-4-7631-4106-4　C0030
ホームページ　https://www.sunmark.co.jp